# 我慢して生きるほど
# 人生は長くない

心療内科医
鈴木裕介

アスコム

# はじめに

## ◎診察室の中だけでは解決できない「生きづらいという苦しみ」

私は、都内で内科のクリニックをやっている医師です。

10年ほど前、身近な人の自死をきっかけに、医療職のメンタルヘルス支援活動を始め、以後、さまざまな「生きづらさ」を抱える人たちの話を聴いてきました。

その多くは、病気などにより、本来持っている「生きる力」が一時的に失われているケースなのですが、それとは毛色の違う、永続的に続くような深刻な「生きづらさ」を抱えているケースも少なくありません。

そうした人たちがもつ苦悩は、私が「医師」として診察室の中だけで関わるだけでは、解決に至ることがほとんどありませんでした。

もともと医師の職務としてではなく、友人や後輩など身近な人がたまたま発してくれたSOSに対して、一人の個人として応えるという形でメンタルヘルスと関わるようになった経緯があるため、診察室の中ではなかなか体験できないような複雑でヘビーな関わり方をしたり、忘れることのできない喪失があったり、奇跡のような変化に立ち会ったり、といったことをうっかり経験してしまい、いつしかそうした人たちと向き合うことが、私にとってのライフワークとなっていました。

そして、彼らが抱えている根源的な「痛み」の生々しい現実や、そこから人生を回復させていく鮮やかな変化の様子を見ながら感じたことを、SNSに投稿したり文章にしたりしているのですが、中でも特に反応が大きいのが、「自己肯定感」についてのツイートやコラムです。

**ふだん、普通に生活をしているように見えていても、心の奥に深刻な生きづらさを抱えながら、それを隠してギリギリで生きている人が相当数いるのだろうと強く**

**感じています。**

たとえば以前、次のような言葉を伝えてくれた、女性の患者さんがいました。

「先生、私は自分が生きる意味がわかりません」

「自分がこの世に生きてていいって、どうしても思えないんです」

彼女は、普通の人から見たら「恵まれた家庭」に生まれ、いわゆる「一流大学」を卒業した、誰もがうらやむような華やかな経歴の持ち主でした。

聡明で知的で、仕事においても「尋常でないほどの」努力家で、職場からも取引先からも全方位的に評判の良い人物でした。

しかし、そうした他者評価からは想像できないほど、自己肯定感を持てずにいたのです。

「自分に自信がほしくて、努力してきました。そのおかげで、行きたかった大学、行きたかった会社に行くことができました。でも、ホッとしたのはほんの一瞬だけ。今も、振り落とされないように必死でしがみついています」

「この先、幸せになれるイメージが、まったく湧《わ》かないんです」

泣きながら、絞り出すようにそう伝えてくれた彼女は、「存在レベルでの生きづらさ」を抱えているように思えました。

彼女は、「自分の物語」を生きられていませんでした。

自分ではない誰かのための人生を、誰かのための感情を生きさせられているようで、先の見えない苦しさにあえいでいるように感じました。

彼女のように、自分を肯定できずに苦しんでいる若者にふれるたびに、私はこの時代に幸せになることの難しさと、自分の物語を生きることの必要性を痛切に感じるのです。

## ◎社会が豊かになると、人は「生きる意味」を見失う

地球に誕生して以来、人間は常に生存の危機とともにありました。戦争、飢餓《きが》、病気、差別など、生命をまっとうできない危険性がある環境においては、動物的な生存本能が発揮されやすく、生きることそのものが目的たりえました。

しかし、社会が豊かになり、生命の危険がないことが当たり前になってくると、「生きること」それ自体の意味を見つけることは難しくなります。

イギリスの哲学者バートランド・ラッセルは、「人々の努力によって社会がより良く、より豊かになると、人はやることがなくなって不幸になる」と主張しました。社会が豊かになるということは、人が人生を賭して埋めるべき大きな「穴」がなくなることでもあります。

たとえば、「国家」とか「社会」とか、「これをより良くすることに自分の人生をささげよう」と思えるような「大義」が見つかりにくくなるのです。

そうなると、自らが生きるモチベーションを自分で見つけるしかありません。

そこで必要になるのが「自分の物語化」です。

自分の物語化とは、これまでの人生で連綿と起こってきた出来事に対して、自分なりの解釈をつけていくことです。

たとえば、大切な人と死別し、悲しみでやりきれなくなってしまったとしても、「この喪失の経験から得たものを、誰か他の人の役に立てよう」と思うことができれば、人は、また前に進むことができます。

起こった出来事に対して、主観的に自分が納得できるような意味づけをしていくことで、挫折から前向きに立ち直ったり、成功体験を自信に変えたりすることができるわけです。

また、そうした「自分を編集するような作業」の中で、自分の生き方に物語性を見いだせれば、当面の生きる意味を得ることができ、生きやすくもなります。

自分の物語に納得することは、自己を肯定することとほぼ同義です。

ありのままの自分の人生を「これでいい」と肯定できないと、自分以外の誰かの価値観やルールを中心に生きざるをえません。

自分の物語を作ることは、自己肯定感の問題の中核にあると、私は考えています。

「人は、自分の物語にすがりついて生きている」。

これは、臨床心理学者の高垣忠一郎先生の言葉です。

すがりつくべき物語がなければ、人は生きていくことができません。

たとえ、それが不幸の物語であったとしても、その人が生きていくためには必要なのです。

今、生きづらさを抱える人が増えている背景には、これまで信じられてきた「幸福へ続く物語」が、徐々に誰にでも当てはまらなくなってきたことが挙げられます。

少し前であれば、「いつかはクラウン」とか「郊外にマイホームを買って、大型犬を飼う」といった、幸せのモデルになるような明確なサクセスストーリーがあり、その物語に乗っかっていれば、誰もが幸せになれると信じられていました。

しかし、幸せとはそう単純なものではありませんでした。

アメリカの経済学者ロバート・ハリス・フランクは、「所得や社会的地位、家や車など、他人との比較優位によって成立する価値によって得られる幸福感の持続時間がとても短い」ことを明らかにしました。

つまり、かつてのサクセスストーリーの先にある「サクセス」は、私たちに永続的な幸せを与えてくれるものではなかったのです。

そうした時代背景の中で、「幸せに生きる」ためにはどうしたらいいいか。

いま私が暫定的に定義している「幸せな状態」とは、「自分が紡いだ自分の物語に、自ら疑念や欺瞞《ぎまん》を抱くことなく、心から納得し、その物語に全力でコミットできていること」ではないかと思っています。

死ぬまですがりつくことができるような自分の物語を生きることができたら、それはとても幸運なことです。

## ◎他人の「イケてる生きざま」が目に入る社会

しかしながら、現代社会で自分の物語を生きることは、かなり困難なことだと感じています。

人間が取得できる情報量は増え、知性はどんどん向上していくため、自分をだますことがどんどん難しくなっているからです。

他人の幸せそうな「物語」がSNSなどで流れてくるようになり、みんなが自分の人生の物語を疑う機会が増えました。

偶然目にしてしまった情報や、誰かのちょっとした一言をきっかけに、それまで全力でコミットできていた物語に、まったくハマれなくなってしまうこともあるでしょう。

「自分探し」がこれほど必要とされているのは、自分固有の物語を見つけることが困難を極めていることの証左だといえるかもしれません。

このような環境下で、他者の否定や自己批判に耐えうるストーリーを構築するには、どうすればいいのか。

それは、各個人が人生レベルで取り組むべき難題であり、簡単に語れるものではありません。

ただ、少なくとも「人生をレースに見立て、それに勝ち続ける物語」は、一生すがりつくには非常に脆弱《ぜいじゃく》であろうと思います。

なぜなら、人は永遠に競争に勝ち続けることはできず、一生のうちに必ず弱者の側に回る瞬間があるからです。

「力が強い」「頭がいい」「お金持ちである」「一流企業の社員である」「名誉がある」「容姿が美しい」……。

これらはすべて、競争の世界の中で明確に「価値がある」とされているものであり、現代社会ではこれらを望むことが良いとされ、これらをつかむことができれば多くの人から称賛されます。

しかし、これらを手にすることを自分の物語の中心に据えると、失ったときに身を寄せるものがなくなってしまいます。

競争的な価値観から適度に距離を置くことは、自分本来の物語をつくるうえでとても重要だと私は感じていますし、そうした世間の価値観（評価基準）を必ずしも満たしていなくても、「私はこう生きています」と自分の言葉で言えるようになれば、少なくとも不幸な人生ではないだろうと思います。

## ◎自分だけの「好き」に浸る

なお、冒頭に紹介した方のように、誰に対しても優しく品行方正な「良い子」であろうとする人は少なくありません。

そしてそのような人は、子どものときに、自分本来の感情を素直に表現したり、その感情を受容されたりした経験に乏しいという共通点があります。

自分よりも、自分を評価する「誰か」（多くの場合は親）の感情を優先する癖がついていて、その誰かの感情を先回りして感じ、その人にとってのベストな反応を得られるような感情だけを選び取り、自分が本当に感じていた感情は心の奥底に封印してしまっているのです。

誰からも褒められる「良い子」を演じれば、一時的な承認を得ることはできますが、それは自分のリアルな心根の部分を承認されているわけではないため、すぐにまた「誰かに褒められる何か」をしていないと不安になってしまいます。

このような、他人の感情を優先する生き方から抜け出すきっかけの一つになるのが、誰にも遠慮をしない、自分だけの「好き」を見つけて追求することです。

ある知人は、これまでずっと「良い子」を演じすぎ、周りから信頼されてしまったため、面倒事をすべて引き受けざるをえなくなり、行き詰まっていました。

家族の目を盗んでカウンセリングに通うほどに追いつめられていた状況を脱出するきっかけとなったのが、『スプラトゥーン』というゲームにハマったことでした。

また、なんとなく「生きたくないな」と感じながら生活していた別の知人は、お気に入りのバンドを見つけ、そのライブに一人で行ったときに、なぜか涙を流すほど癒されたそうです。

彼らが苦しみの末に見つけた「好き」は、おそらく他の誰かのためではない、自分だけに向けられた感情だったのだろうと思います。

その感情に浸《ひた》れることは、ふだん誰かのための感情を優先している人にとってはとても尊く得難い経験であり、自己の存在を肯定するきっかけとなる、根源的な癒《いや》しにつながるものです。

## ◎「嘘のない物語」が人生を支える

ところで、自分の物語を編集するにあたって、もっとも警戒すべき現象の一つが「だからわたしはダメなんだ」病（ＤＷＤ病）です。

前述のように、自分の物語は、これまでの人生で起こってきた出来事と、その解釈によって紡がれていきます。

どんなに素晴らしい「出来事」があっても、その解釈がネガティブであれば価値がゼロになってしまいます。

自分の物語をだめにする悪魔は、実は「解釈」のところに潜んでいるのです。

冒頭の彼女は、こう言いました。

「頑張って、夢だった大学に入れました。そこで自分が変われるような気がして。でも、ダメでした。大学は私なんかと違って、本当に優秀な人ばかりだから、本当は全然ダメな私であることがバレないように必死で取り繕っていました」

達成した目標の難易度がどれだけ高かろうと、どこからでも「だから自分はダメなんだ」という結論に至る解釈を見つけてきてしまうのが、ＤＷＤ病です。

仮に合格した大学がハーバードやスタンフォードだったとしても、ＤＷＤ病にかかっているかぎり、「自分はダメだ」という結論は変わらないでしょう。

自分の物語をつくるうえで、もっとも重要なことは、自分の感情に素直になることです。

怒り、嫉妬、悲しみなど、誰かに話すことがはばかられるようなネガティブなものもありますが、感じてはいけない感情はありません。

感じたままの感情だけが、自分に起きた出来事に納得するための解釈をもたらしてくれます。

それは、きれいなものであるとは限りませんし、むしろ「狂っている」とか「いびつだ」と言われるようなものかもしれません。

でも、それを自分固有のかたちとして、自分自身が納得して受容できたとしたら、誰にも比べられることのない「心強い物語」になります。

なぜなら、自分の物語を紡ぐことができるのは、自分の感情だけだからです。

他人の価値基準や誰かのための感情に基づいた物語は、本当の生きる力を与えてはくれません。

私は、明確な答えのない今の時代において、人の心を動かすのは「弱き者の物語」だと思っています。

さまざまな作品において、いま「弱き者」が支持されてきており、そこに登場するキャラクターは、どこか弱く、格好悪く、人間臭い。

その嘘のないリアリティーこそが愛おしさの源泉であり、完璧でない私たちに「それでも生きていていいのだ」と安心を与えてくれます。

いびつさは、その人の真骨頂であり、本質的な魅力そのものです。

自分の弱さ、いびつさ、未熟でかっこ悪いところを認めて、それをも引き受けた「嘘のない物語」は、ありのままの自分を「それでもいいよ」と肯定し、永きにわたって人生を支えてくれる「しなやかな強さ」をもたらしてくれるはずです。

この本では、みなさんに、「他人の価値観やルール」「他人の感情」「他人に奪われる時間」を手放し、「自分の価値観やルール」「自分の感情」「自分の時間」を発見し取り戻すための方法をお伝えしたいと思います。

それはつまり、他人によって必要以上に我慢をさせられることなく、真に自分らしく生きていくための方法であるともいえます。

みなさんが、自分のルールに基づき、自分の物語を紡いでいってくださることを、私は心から祈っています。

本書は2020年1月に弊社により刊行された『NOを言える人になる』を改題し、加筆修正したものです。

# 我慢して生きるほど人生は長くない 目次



Contents 1

## 我慢せず生きていくための公平で安心な人間関係の作り方

Contents 2

# 会社や社会に疲れてしまった人への処方箋

Contents 3

# 思い込みを捨て、自分らしい人生を取り戻す

Contents 4

# 誰にも振り回されず、自己肯定感を保つには

Contents 5

# 「心地良くない」「楽しくない」と感じたものは捨てていく

我慢せず生きるために

・・・

# Contents 1

Live without patience

# 我慢せず生きていくための公平で安心な人間関係の作り方

Live without patience

# 01

# 生きる意味、自己肯定感を得ることが難しい社会で

『我慢して生きるほど人生は長くない』。

このタイトルにひかれて本書を手にしたあなたは、おそらく、嫌なことや気の進まないことを拒否することができず、「自分はいつも我慢している」「他人に振り回されてばかりいる」「自分らしく生きられていない」「自分だけが損をしている」といった思いを抱えて生きているのではないでしょうか。

「はじめに」にも書いたように、私たちが生きているこの社会は、平和で物質的には豊かですが、自己肯定感が得づらく、生きる意味を見つけづらくなっています。

それは、**多くの人が、他人や社会が決めたルールを受け入れ、自分のルールよりも優先させ、必要以上に我慢をしてしまっているからです。**

私たちは社会から、日々、おびただしい数のメッセージを受け取っています。

たとえば、「いい学校を卒業し、いい会社に入って出世し、何不自由ない暮らしをするのが勝ち組の人生」とか「人は結婚し子どもを育てて、初めて一人前」とか「社会人は、何よりも仕事を優先するべき」とか「こういうふるまいは褒められるべきであり、こういうふるまいはみっともない」などが、それに当たります。

こうしたメッセージを通して、私たちは、誰かが考えた価値観やルール、生き方を一方的に押しつけられ、ときには「自分らしくあること」「自分らしく生きること」を否定され、さまざまな我慢を強いられています。

心や身体が悲鳴を上げていても、「親が言うことだから」「愛する人が言うことだから」「常識だから」「会社の決まりだから」と受け入れてしまうことが非常に多いのです。


それでも「自分は我慢している」「自分らしく生きられていない」と認識できている人は、まだましかもしれません。

実際には、他人のルールや価値観に適応しすぎていて、自分が我慢していることにすら気づいていない人もたくさんいます。

彼らの多くは、若いうちや「勝ち組」でいられるうちは、自分の人生に疑問を抱くことはほとんどないかもしれません。

しかし、ある程度年齢を重ね、ふと人生を振り返ったとき、もしくは自分がそれまで信じ込んでいた価値観が崩れるような出来事に遭遇したとき、「今まで自分は何をしてきたのか」「自分の人生は何だったのか」と愕然《がくぜん》とし、アイデンティティが崩壊するほどのショックを受け、虚無感に襲われてしまいます。

では、あなたが「他人や社会が決めた価値観やルール」から解き放たれ、「自分の価値観やルール」に基づいた「自分らしい人生」「自分だけの物語」を取り戻すには、どうしたらいいのでしょうか。

そのために必要なのは、まず、人間関係のあり方を見直すことです。

人生において、もっとも重要でもっとも厄介なものは、人間関係だからです。

社会で生きていく以上、人は必ず他人と関わらなければなりませんし、そこにはさまざまな関係性が生まれます。

喜びも悲しみも、楽しいこともつらいことも、そのほとんどは人と人の関係によってもたらされます。

あなたを成長させ、あなたに安らぎを与える関係性もあれば、あなたから自由を奪い、あなたに苦痛ばかりを強いる関係性もあります。

また、社会からのメッセージも、親や学校、友人、上司など、人間関係によって伝えられることが多いのです。

他人のルールに縛られずに生きるためには、その人間関係が自分にとって「好ましいもの」であるかどうかをしっかり見極める必要があります。

好ましい人間関係は、とにかく公平（フェア）で穏やかです。

価値観を一方的に押しつけられることも、ミスや欠点を過剰に責められることも、片方だけが損をするような不公平な取引を持ちかけられることもありません。

そうした人間関係の比重が高いと、「自分は自分のままでいて良いのだ」「たとえ欠点だらけでも、失敗だらけでも、大きなことを成し遂げられなくても、自分や自分の人生には価値があるのだ」と感じられるようになり、心が安定していきます。

さらに、自分の感覚に敏感になり、自分のルールを優先し、自分にとって「良いもの」を受け入れ、「良くないもの」を遠ざけられるようになれば、自分が心から求め、選んだものばかりに囲まれて、喜びの多い、本当の意味で幸せな人生を歩むことができるようになります。

逆に、好ましくない人間関係は、他人のルールであなたを縛りつけ、あなたの価値を勝手にジャッジし、あなたの時間やエネルギーをひたすら奪い続けていきます。

そうした人間関係の比重が高いと、あなたの心や生活、人生は「他人から押しつけられたもの」でいっぱいになってしまうため、常に「自分は我慢している」「自分らしく生きられていない」という思いにつきまとわれ、日々の生活に喜びを感じられなくなります。

人生のどこかで「自分なんて何をやってもダメだ」「自分の人生は何だったんだろう」という絶望感や虚無感に襲われることもあるかもしれません。

人間関係のあり方やルールを見直すことで、あなたの人生は大きく変わります。

では、どうすればあなたにとって好ましい人間関係の比重を増やしていくことができるのか、具体的に考えていきましょう。

Live without patience

# 02

# 「自分と他人の境界線」があいまいだと生きづらくなる

人間関係のあり方やルールを見直し、好ましい人間関係を増やしていくうえで、何よりもまず、みなさんに心がけてほしいことがあります。

それは「自分と他人の間の境界線をきちんと意識し、守る」ことです。

**世界は、「自分が責任をもって守るべき領域」と「他人が責任をもって守るべき領域」の二つに、大きく分けることができます。**

たとえば、あなたの心（思考）や身体、生活、人生などは、あなたが責任をもって守るべき領域です。

もちろん、人は一人では生きていけませんから、他人の影響を受けたり、他人の力を借りたりすることはありますが、必要以上に他人を立ち入らせたり、責任やコントロール権を他人に丸投げしたり渡したりしてはいけないのです。

一方、家族や友人など、どれほど親しい間柄であっても、他人の心や身体、生活、人生などは、その人が責任をもって守るべき領域です。

そこに、あなたが必要以上に立ち入ったり、責任やコントロール権を背負い込んだり奪ったりしてはいけません。

しかし実際には、「自分の領域が他人によって侵害される」「自分が他人の領域を侵害してしまう」といったことは、頻繁《ひんぱん》に起きています。

たとえば、あなたは次のようなことをしたりされたりしたことはありませんか？

・「こんなことは常識だ」「社会人として、〜するのは当たり前だ」「いい歳をして、〜するなんてみっともない」「男のくせに（女のくせに）〜するなんて恥ずかしい」といった言葉を口にする。

・「俺の言うことが聞けないのか」、あるいは「私が〜なのはあなたのせいだ」といった言葉や態度で相手を威嚇《いかく》し、責め、無理な要求をしたり、片方だけにしかメリットがないような取引を持ちかけたりする。

・「使えない」「才能がない」「人間性に問題がある」といった言葉で、相手を一方的にジャッジする。

もし心当たりがあるなら、要注意といえます。

これらは、他人の領域に土足で入り込み、自分のルールや価値観、要求を押しつけ、相手をコントロールしようとする行為だからです。

あるいはみなさんの中に、家族や友人、同僚など、自分以外の人がトラブルを起こしたとき、自分のことのように責任を感じてしまったり、頼まれると断れず、自分の仕事を後回しにしてまで他人の仕事を手伝ったり、みんながやりたがらない町内会の役員などを引き受けてしまったりする人はいませんか？

一見、優しさや責任感の強さのあらわれのように思えますが、これらも「自分の領域をきちんと守れていない」「他人の領域の責任まで背負ってしまっている」ことになるので注意が必要です。

こうした、自他の領域の侵害が起こるのは、「自分と他人の間の境界線」があいまいだったり、正しく機能していなかったりするためです。

目には見えませんが、人の心の中には本来、自分の領域と他人の領域を隔てる境界線が存在しています。

もっとも、この境界線は、壁のようにそそり立ち、他人を拒絶するものではありません。

柔軟性と弾力性があって、ちょうど身体の免疫機能のように、

・内部（自分）が「良くないもの」「不快なもの」に侵食されるのを防ぐ。
・「良い」「快い」と感じたものを外部（他人や社会）から内部（自分）に取り入れ、内部にある「良くないもの」「不快なもの」を外部へ追い出す。

といった役割を果たしています。

境界線は、外部から入ってくるおびただしい情報の中から、あなたの自己肯定感を損なうような言葉、あなたに対する勝手なジャッジ、あなたが自分らしく生きるのを妨げるようなルール、あなたに対する一方的で不公平な要求などをきちんと選別し、あなたの内部がそれらによって侵食されないよう守ってくれるものです。

そのため、境界線が正しく機能している人、他人によって境界線を侵害された（それを私は「ラインオーバー」と呼んでいます）ときに、きちんと対処できる人の心の中や生活、人生は、自然と、その人にとって「良いもの」「快いもの」を中心に構成されるようになります。

ところが、世の中には、境界線があいまいな人、境界線をひくのが苦手な人、境界線が正しく機能していない人、ラインオーバーに気づかない人、ラインオーバーされても拒否できない人が少なくありません。

特に、過干渉やDV、ネグレクトなど、親との関係に何らかの問題があった人は、その傾向が強いようです。

自分の意見がいっさい通らず、親の要求だけを一方的に押しつけられ、ラインオーバーされ続けていると、守るべき自分の境界線がわからなくなってしまいやすいのです。

小さい頃から、親や周りの人の「お世話役」を引き受けざるを得ない環境で育った場合も、困っている誰かを放っておけず、相手の責任領域のものまで背負ってしまいがちです。

もちろん、家庭環境とは関係なく、単に「イヤだ」と言うのが苦手な性格、お人よしすぎる性格、人に嫌われるのを恐れすぎる性格のせいで、ずるずると他人がラインオーバーしてくるのを許してしまう人もいます。

そのような人の場合、

・他人（社会）が決めた「〜は常識」「〜は当たり前」「〜するべき」といったルー

ルを、絶対に守るべきものだと考えてしまう。

・他人（社会）からネガティブな評価を下され、自分でも「自分はダメな人間だ」と思うようになってしまう。

・他人（社会）から無茶な要求や不公平な取引を持ちかけられたとき、対抗することができず、受け入れてしまう。

といったことが起こりやすく、心の中や生活、人生が、その人にとって「良くないもの」「不快なもの」を中心に構成されやすくなります。

一方で、ラインオーバーされやすい人は、ラインオーバーしやすい人でもあります。

そもそも境界線があいまいだったり、境界線をきちんと意識できていなかったりするうえ、誰かにラインオーバーされた怒りやイライラを、無意識のうちに、別の誰かの境界線を侵害することで解消しようとしてしまうからです。

さらに、境界線があいまいだったり、正しく機能していなかったりすると、自分を責める（自責）傾向や他人を責める（他責）傾向が強くなりがちになります。

自責傾向が強い人は、本来負うべきでない他人の責任まで背負い、なんでも「自分が悪い」「自分のせいだ」と思い込んでしまいます。

たとえば、進路や職業、結婚、出産等で親の期待に応えられなかったとき、本当は勝手に期待をした親のほうに問題があるのに、「親の期待に応えられなかった自分の至らなさ」を責めてしまうのです。

あるいは、心身をすり減らして努力したのに、上司から課されたノルマが達成できなかったとき、本当は厳しすぎるノルマを課した上司（もしくは経営者）のやり方に問題があるのに、「達成できなかった自分の能力不足」を責めてしまうかもしれません。

自責傾向が強い人は、他人の何気ない一言にも「自分が責められている」と感じやすく、どうしても自己評価が下がりがちですし、自己肯定感も持ちづらくなります。

また、自分の責任領域を超えた部分まで一人で背負い込んだ結果、心身を壊してしまったり、パンクしてすべてを放り出してしまったりすることも少なくありません。

逆に、他責傾向が強い人は、本来自分が負うべき責任まで他人のせいにしてしまいます。

任された仕事を、明らかに自分の努力不足で達成できなかった部分があるにもかかわらず、「そもそも、自分にそんな仕事を任せた上司が悪い」と考えたり、自分の言動のせいで周囲から敬遠され、距離を置かれているのに、「自分は何も悪くないけど、一方的に嫌われ、いじめられている」と考えたりします。

傍《はた》から見れば本人にも責任があることでも、ひたすら周囲の人や社会のせいにしてしまうのです。

他責傾向が強い人は、実は不安が強い人でもあります。
「自分は間違っていない」と主張するため、一見自信がありそうな人もいますが、本当は心の中にたくさん不安を抱えていることが多く、その不安を打ち消そうとして、声高に「自分の正しさ」を主張し、他人を責めてしまうのです。

このように、正反対に見える「自責」と「他責」ですが、根っこは一緒です。いずれも、自他の境界線があいまいだったり、自分が守るべき責任領域をきちんと把握できていなかったりするために起こるのです。

自責傾向が強い人は、本来自分が守るべき領域をはるかに超えた範囲を自分の責任領域だととらえて自分を責め、生きづらさを感じ、他責傾向が強い人は、本来自分が守るべき領域よりもはるかに狭い範囲を自分の責任領域だととらえて他人を責め、「なぜ、自分ばかりがこんな目に」と生きづらさを感じてしまいます。

これまで見てきたように、自他の境界線をきちんと引き、自分が守るべき範囲を正確に把握し、ラインオーバーをしたりされたりするのを防ぐことは、生きづらさを軽減し、他人のルールに縛られず、自分のルールで生きるうえで、必要不可欠です。

では、自他の境界線と自分の領域を守るにはどうすればいいのでしょうか。

その方法について、次項以降で詳しくお伝えしていきます。

Live without patience

# 03

# 無茶な要求、不公平な取引をもちかけてくる他人からのラインオーバーに敏感になろう

もしあなたが何らかの生きづらさを抱えていて、かつ「自他の境界線が、自分でもよくわからない」「境界線が正しく機能していない」と感じているなら、まず、**「他人からのラインオーバー」に敏感になってみましょう。**

そもそも、どういう状態が「ラインオーバー」なのかわからない場合は、自分の「快・不快」の感覚や、相手とのやりとりの後に感じる「もやもやとした気持ち」に注目するといいかもしれません。

「なんだか嫌だな」「むなしいな」「徒労《とろう》だ」「バカにされたような気がする」「利用されているのかな」「その言い方はないんじゃないかな」「息苦しいな」……。

そういった、やりきれないネガティブな気持ちを感じたなら、それをきちんと自分で認め、受け入れてみてください。

このとき決して、「自分が気にしすぎなのかもしれない」「自分が気に障ることをしたのかもしれない」「自分にも落ち度があるし」「あの人がそんなことをするはずがない」「あの人にはお世話になっているし」などと、自分で否定してはいけません。

たとえば以前、こんなことがありました。

ある友人と居酒屋で話しているとき、つい盛り上がりすぎて、声が大きくなってしまったのですが、隣に座っていた、彼女連れの強面《こわもて》の男性が、「お前ら、マジで静かにしろよ！」と、急に語気を荒げて怒鳴ってきました。

私は「声が大きくなってしまったのは申し訳ない」と思いながらも、相手のその言い方に対しては、非常に不愉快な気持ちになりました。

最初に穏やかに注意して、それでも私たちが聞かなかったなら、声を荒げるのもわかります。

でも私たちがその男性に注意されたのは、そのときが初めてでした。

こういうとき、いつも、「こちらの落ち度はあるけど、普通に言ってくれたらいいのにな」と思います。

自分の言い分をはっきり伝えることと、相手を不快にさせるような言動をとることとはまったくの別問題です。

不快な言い方をされたとき、自分の側に非があったり、自分が相手に対して弱い立場にあったりすると、人はついつい「言われても仕方がない」と、相手の不快な言動もそのまま受け入れてしまいがちですが、それは違います。

このケースだと、「大きな声で迷惑をかけた」のはこちら側の責任であり、男性にはこちら側に不快であることを伝え、注意をする権利があります。

しかし、「わざわざ乱暴な言い方をした」のは男性側の責任であり、こちら側には男性に不快であることを伝え、注意をする権利があります。

「大きな声を出し迷惑をかけた」ことを反省することはもちろん大事ですが、だからといって、「乱暴な言い方をされ、不快に思う気持ち」まで自分で飲み込み、なかったことにする必要はありません。

あなたが何らかのネガティブな感情を抱いたという事実は、あなたの領域の中では絶対的に正しいことであり、他の誰にも侵されない「真実」です。

ですから、「こんな感情を感じるべきではないんじゃないか」などと思わずに、自然に湧き上がってきた感情のほうを採用し、なぜそう感じたのかを考えてみましょう。

すると、相手の言動によって自分の境界線が侵害されたことに気づくはずです。

あるいは、起こった出来事ではなく、相手との関係そのものを客観的に観察するのもいい方法です。

「この関係は、ギブアンドテイクのバランスが悪いのではないか」
「自分だけがリスクや責任を背負っているのではないか」
「相手の言い分ばかり聞いている気がする」

そういった「もやもやしたもの」を感じたら、その関係性は公平ではないかもしれません。

もし、「相手が体調を崩していて、あなたが面倒をみている」など、何らかの事情で一時的に公平じゃない状態に陥っているのだとしたら、その関係性がふだんは公平なものなのか、将来的に公平であることを目指せる関係なのかを考えてみましょう。

ただ、関係性が公平であるかどうかの判断は、パートナー関係や血縁関係にある人に関してはなかなか難しいものです。「愛のある関係」ほど、「愛」が目くらましとなり、ラインオーバーに気づきにくいからです。

パートナーや家族との関係性においてもやもやした感情を抱いた場合も、「愛しているから」「パートナーだから」「家族だから」などと否定することはありません。愛する相手であろうと家族であろうと、もやもやした感情を持つことは普通のことですし、むしろ、もやもやを率直に言い合えるほうが、より「愛のある関係」だといえます。

「家族である」「夫婦である」「パートナーである」というのは、単に関係性を記述する肩書きにすぎませんし、それが本当に公平で健康的な人間関係を担保してくれる保証はまったくありません。

むしろ、その関係性の肩書きに甘えて、どちらかが一方的な要求を押しつけたりしているというケースのほうが多いのではないでしょうか。

相手の言動や相手との関係性にもやもやを感じたら、その段階でラインオーバーされている可能性を考えてみましょう。

自分の感覚や気持ちに素直になり、心の声に耳をすまし、もし「ラインオーバーされている」と確信したなら、その事実をしっかり認め、受け入れてください。

今まで気づかなかった、あるいは気づかないふりをしていた他人からのラインオーバーに敏感になるにつれ、自分が何をされたくないのか、自分にとって要らないものは何か、自分が本当は何を心地良いと感じ、何を求めているのかがわかりはじめ、あなたにとっての「自他の境界線」「守るべき自分の領域」が明確になっていきます。

それこそが、他人（社会）からのラインオーバーを防ぎ、あなたの心や身体や生活を守り、自分のルールで自分の物語を生きるための、最初の、そしてきわめて重要な第一歩です。

そして、自他の境界線や、守るべき自分の領域が明確になれば、自分がラインオーバーして他人の領域に立ち入ったり、他人の責任まで背負ったりすることも、防げるようになるのです。

Live without
patience

# 04

# あなたの領域を侵害しようとする人を遠ざける3ステップ

これまで見てきたように、自分の物語を生きるうえで大事なのは、人間関係のあり方やルールを見直し、好ましい人間関係を増やすことです。

そのためには、自分と他人の間の境界線を意識し、自分からラインオーバーをしないこと、相手からラインオーバーされたときにはきちんとNOをつきつけ、自分の領域を守ることが必要です。

それができなければ、あなたの領域はすぐに相手に侵害され、相手はあなたを自分の望み通りに動かそうとするでしょう。

**自分の利益や自尊心を守るために、ときにはきちんとNOを言い、「お断り」をすること。**

それは、あなたが我慢しすぎず、心身ともに穏やかに暮らし、あなた自身が望む通りに生きるための最重要スキルなのです。

しかし、みなさんの中には、「NOを言うなんて強い人にしかできないし、私には無理だ」「相手の意見を突っぱねたり、相手の要求を断ったりするのは怖い」という人もいるでしょう。

たしかに、いきなり慣れないことをするのは、かえってストレスになるかもしれません。

まずは次ページの表で、今、あなたがどのくらいのレベルでラインオーバーをしたりされたりしているのか、相手の要求に対し、どのレベルくらいまでNOを言えそうか、最終的にどのレベルまでいきたいかを考えてみてください。

いかがでしょうか？

レベル1〜5までは、かなりラインオーバー度が高いといえますが、もしあなたがレベル1の状態だったとしても、気にしないでください。

いきなり高いレベルを目指すのではなく、一つずつゆっくりとレベルを上げていきましょう。

レベル9や10の断り方ができる人はごくまれですし、必ずしも一番強い態度をとる必要はありません。

## NOを言えない人に知ってほしい、「お断り」の態度の強さレベル

弱い ↓ 強い

| | |
|---|---|
| レベル1 | 直接、頼まれてもいないのに、雰囲気で相手のしてほしいことを察して、へとへとになるまでやってしまう。（「完全オート先取り」状態） |
| レベル2 | 頼まれていないのに、雰囲気でいろいろ察してやってしまうが、疲れているときはやらない。（「ノーマル先取り」状態） |
| レベル3 | どんな頼みごとも、態度のうえでは嫌な顔一つ見せず快諾してしまう。（「よろこんで」状態） |
| レベル4 | 少しためらいの態度を示すものの、承諾はする。（「ちょいしぶり」状態） |
| レベル5 | かなりためらいの態度をしっかり示すものの、承諾はする。（「しぶしぶ」状態） |
| レベル6 | 不本意であることをいったん表明し、さらに要求されたら承諾する。（「NOの壁1枚」状態） |
| レベル7 | いったん断って、さらに要求されたら再検討する。（「NOの壁1枚半」状態） |
| レベル8 | 断って、さらに要求されても押し切られないように努力する。（「NOの壁数枚」状態） |
| レベル9 | きっぱり断る。相手の言い分には耳を傾けず、断る態度を貫きとおす。（「NOの鉄壁」状態） |
| レベル10 | きっぱりと断り、さらに相手がしつこく要求する場合はしかるべき反撃を考慮する。（「NOの要塞」状態） |

（「長谷川メンタルヘルス研究所」の資料を、筆者改変）

できる範囲で、あまり無理なくNOを言うことで、お断りをしたり自分の意思を伝えたりすることの心理的負担は減ってくるはずです。

「すぐにレベルを上げるのは難しい」という人でも、表を見て、ラインオーバーされていることに気づき、「嫌だ」「つらい」と思ったのであれば、その気持ちを自分で認めてあげてください。

現在のコミュニケーションのあり方が「自分が望んでいる形ではない」と認めることは、いつかNOを言えるようになるための第一歩だからです。

さて、ラインオーバーには、「一方的な要求をされる」以外にも、「自分にとって不快なことをされる」「相手の価値観を一方的に押しつけられる」など、さまざまな形があります。

そうしたラインオーバーに対する具体的な対処方法（あなたの領域を侵害する人を遠ざけるための3ステップ）も、ここで紹介しておきましょう。

## 【STEP1】第三者に相談する

ラインオーバーされたかどうかを決めるのは、あくまでもあなた自身です。

相手の言動に対し、もしあなたがもやもやしたものや不快感を覚えたなら、それは確実に、あなたにとってはラインオーバーなのです。


ただ、最初のうちは、自分の「快・不快」の感覚を信じきれず、「自分が気にしすぎているのではないか」などと考えてしまう人もいるかもしれません。


自責傾向の強い人の場合、相手の言動に過剰反応してしまうことがあります。

たとえば、相手はまったく気にしていないのに、自分が何か、相手に迷惑をかけてしまったと思い込んで謝罪する。

謝罪されたほうは、何のことかわからず、あいまいな返事をしたり、「何のことでしょう」「心当たりがありませんが」と答えたりする。

それを「謝ったのに許してもらえなかった」と感じ、さらに自分を責める。

そのような状態に陥ることが、少なくありません。

もしあなたが「自分の感覚を信じきれない」と思うのであれば、一度、自分がもやもやしたり不快に感じたりした事柄について、率直かつ客観的な意見を言ってくれそうな、信頼できる第三者に相談してみましょう。

【STEP2】気持ちを伝える努力をする

相手の行為に不快感を覚え、「ラインオーバーされた」と感じたとき、相手との関わりを完全シャットアウトするのも、場合によっては悪くはありません。

相手が話してもわからないタイプであったり、あなたをコントロールするために、わざとラインオーバーをしていたりするならば、それ以上の侵略を避け、あなた自身を守るためにも、そうしたほうがいいといえます。

ただ、相手に悪気がなく、話せばわかってもらえそうな場合や、あなたがその相手と、できれば良い関係を続けたいと思っている場合は、まず、自分の気持ちを率直に伝えてみましょう。

その際、大事なのは、「そういうことをされると、私はつらいです」「そういうことを言われると、私は悲しいです」といったように、「アイ・メッセージ」で話すことです。

アイ・メッセージとは、アメリカの臨床心理学者トマス・ゴードンが、『親業』という本の中で提唱したコミュニケーションの方法であり、「『私』を主語にして、自分がどう感じたかを伝える」というものです。

一方、「あなた」で始まる、もしくは「あなた」がどこかに入っている話し方を「ユー・メッセージ」といいます。

ユー・メッセージは、非難や評価など、相手の考え方を破壊するような影響を与えることが多く、「相手を攻撃する話し方」になりやすい傾向があります。

不快感を覚えたとき、「(あなたは)なぜそういうことをするのですか」「(あなたの)その言い方は良くないです」など、ユー・メッセージで話すと、相手は自分が攻撃されたと感じ、防衛的なコミュニケーションになってしまいます。

せっかく勇気を出して指摘したのに、あなたの思いが伝わりにくくなるのはもったいないので、できるだけユー・メッセージは避けましょう。

気持ちをうまく伝えるためには、ほかにもいくつかの技術が必要です。

以下に、そのポイントを簡単に記しておきます。

①話すタイミングを選ぶ

相手が忙しくしているとき、感情的になっているときに大事なことを伝えても、相手には余裕がなくて、きちんと受け止めてもらえません。

落ち着いて穏やかに話ができるタイミングを見計らいましょう。

また、言いづらいことを相手に伝えるタイミングを逸してしまった場合は、メモ書きでもなんでもいいので、一度言葉にしておくことをおすすめします。

もし後で「やはり伝えたい」と思ったなら、時間差があってもいいので伝えてみてください。

「ちょっと落ち着いてお話ししたいことがあるのですが、時間をもらえますか」と打診して、相手の聴く準備ができるタイミングを作ってもらったり、より親密な相手であれば、月に一度くらい「少し言いづらいことをお互い言い合うための時間をもつ」というルールを作ったりするのもいいかもしれません。

②相手への気遣いや感謝の言葉を添える

本題に入る前や話し終えた後に、「お忙しいときにすみません」「聞いていただいてありがとうございました」といった言葉を添えてみましょう。

いきなり本題に入るのではなく、その一言を入れることで、おそらく相手は、あなたの言葉をきちんと聞こうという気持ちになるはずです。

何より、「私がこの話をするのは、この関係を大事にしたいからだ」というメッセージを、何らかの形で相手にしっかり伝えることが重要です。

相手が防衛的にならず、本当にあなたが伝えたいことを受け止めてもらう助けになると思います。

③伝える内容をしぼる

同時に複数のことを伝えると、本当に伝えたいことがわかりにくくなってしまいます。

伝える内容は、できるだけシンプルにしましょう。

④相手の言い分も聞く

相手がなぜ、あなたがもやもやしたり不快になったりするような言動をとったのか、その理由や背景もできれば聞いておきましょう。

それによって、相手がどのような考えをもっているかを理解することができますし、もしかしたら、あなたが、相手の言葉を誤って理解していたことがわかるかもしれません。

以上が、気持ちを伝える際のポイントですが、親からのラインオーバーを受け続けてきた人にこうした話をすると、いきなり親に、長年言えずにいた気持ちを伝えようとすることが少なくありません。

しかし、残念ながら、ラインオーバーをしてくる親は「ゲームをクリアした後に登場するもっとも強力な裏ボス」のようなものです。

もっとも手ごわく、気持ちが伝わりにくいうえ、「その時点で完全克服しないと、先に絶対進めない」という相手ではないケースが多かったりします。

あなたが、新たに出会った人たちと好ましい人間関係を築いてしまえば、親の言動があなたの心に与える影響はどんどん小さくなります。

どうしても親に言いたいことがある人は、身近な信頼できる人とのコミュニケーションの中で「伝える技術」を磨いてからにしたほうがいいでしょう。

【STEP3】相手を「NO」の棚に分類する

あなたが誠実に気持ちを伝えても、相手に聞く気がなかったり、ラインオーバーが続いたりした場合、その相手は「あなたを大切にしない人」であることを認めましょう。

あなたを大切にしない人を、あなたが大切にする必要はありません。

たとえ親や友人、同僚であっても、相手を躊躇《ちゅうちょ》なく、あなたの心の中の「NO」の棚に入れ、距離を置くことを強くおすすめします。


「NO」の棚に入れた相手に対しては、接触しないのが基本です。

「関係を改善しよう」などと考える必要はありません。

「話しかけられても、一言、二言でそっけなく返す」「話しながら、ちょこちょこと時計を見るそぶりをする」「誘いにはいっさい乗らない」「返信の頻度《ひんど》を徐々に減らす」など、コミュニケーションを積極的にとる意思がないことを態度で示し、しっかりりと「対応しない意思をみせる」ようにしましょう。

相手からのメールを「迷惑メール」フォルダに振り分け、目につかないようにするのも一つの方法です。

あなたの境界線、あなたの領域を平気で侵害しようとする相手を尊重する必要はありませんし、そのような相手からの情報をできるだけシャットアウトすることが、あなたの心を穏やかに保ち、あなた自身を守りいたわることにつながるからです。

以上が、私なりに考えた「あなたの領域を侵害する人を遠ざけるための3ステップ」です。

もちろん、人それぞれ考え方も違うし、相手との関係性によって、対処方法も変わってくるかもしれませんが、55ページの表やこの3ステップを参考にしながら、日々の生活の中で少しずつ嫌なことには嫌だといい、自分から遠ざける技術を磨いていきましょう。

Live without patience

# 05

# ときには他人を嫌っても、他人の悪口を言ってもいい

自分と他人との間にきちんと境界線をひいたり、ラインオーバーを繰り返す相手を「NO」の棚に分類したりする際、邪魔になるのが、**「人を嫌いになってはいけない」「人を悪く言ってはいけない」「誰とでも仲良くしなければいけない」といった「道徳的な考え」**です。

もちろん、人の欠点や至らないところばかり見て、「あの人も嫌い」「この人も嫌い」と思ったり、四六時中誰かの悪口を言ったりするのはおすすめしません。

何も、道徳的な観点から言っているわけではなく、そういう生き方は、何よりも、あなた自身を幸せにしないからです。

人の欠点や至らないところばかり見ていると、他人への期待値が高くなり、常にイライラするし、心の中に不満や怒りがどんどんたまっていってしまいます。

その状態が精神衛生上良くないのは、言うまでもありません。

また、そのような人の周りからは、どんどん人がいなくなります。

欠点をあげつらい、悪口ばかり言っている人と、進んで仲良くしようという人は、なかなかいないのではないでしょうか。

しかし、私は、「絶対に人を嫌いになってはいけない」「絶対に人を悪く言ってはいけない」「絶対に誰とでも仲良くしなければいけない」とも思いません。

どうしても合わない人を、ときに嫌いになったり、悪口を言いたくなったりするのは、人として当たり前のことだからです。

人はそれぞれ、異なる考えや価値観を抱いています。

違う人間である以上、家族、パートナー、親しい友人など、どんなに近い関係であっても、考えや価値観が100％一致することはまずありえませんし、考えや価値観が完全に一致しない以上、人は他人の言動に、多かれ少なかれ違和感を覚えることになります。

違和感は、心が「この人の考えや価値観は自分とは違う」と察知したときに鳴るアラームのようなものです。

その違和感が、自分にとって受け入れ可能な範囲のものであればいいのですが、そうでなければ、人は相手に苦手意識や不快感、嫌悪感を抱くことになります。

アラームが鳴ったときには、心や身体が「いったん立ち止まって、しっかり考えよう」というメッセージを発していると考えましょう。


違和感を自覚し、受け入れ、「自分がなぜ、どこに違和感を覚えたのか」をきちんと考えることは、自分や他人についてより深く理解する、大きなチャンスです。

その結果、「この人の考えや価値観の違いは許容範囲である」「もう少しこの人との関係を続けたい」と思ったのであれば、折り合いがつけられるよう努力し、「この人との違いはどうにも受け入れられない」「この人にはこれ以上近づきたくない」と思ったら、自分の感覚に自信をもって離れましょう。


なお、後者の場合、「なぜ近づきたくないと思ったか」をきちんと言語化し、「仮説」として持っておくと、他の人間関係にも応用が利くようになります。

「人を見抜くのがうまい人」は、そういうことを丁寧にやり、自分の中に法則をため込んでいるのではないかと思います。

たとえば、相手がさほど親しくもないうちから、あなたにとっては「余計なお世話」としか思えないお節介を焼いてきて、そこに違和感を覚えた場合、つきつめて考えることで、次のような結論に至るかもしれません。

「自分は急激に距離を詰められたり、親切の押し売りをされたりするのが嫌なのだ。そこに、自分の領域を侵される不快感や、恩着せがましさを感じるからだ」

「一見『いい人そう』であり、心身を傷つけてきたりするわけではないけれど、世の中には親切に見せかけた、こちらが拒否しづらく文句もいいづらい形で、じわじわと境界線を踏み越えてくる人がいる」

こうした法則が蓄積されていくと、次に同じような人に遭遇したときに、最初からラインオーバーさせないよう、距離をとることも可能になります。

ところが、「人を嫌いになってはいけない」「人を悪く言ってはいけない」「誰とでも仲良くしなければいけない」という道徳的な考えは、違和感についてきちんと考えることを邪魔します。

「人を嫌うこと、悪く言うことは『悪いこと』だ」という考えにとらわれていると、心は、違和感を覚えたこと自体をなかったことにしてしまうのです。

くわえて、道徳的な考えにとらわれすぎていると、悪口を言ってしまったり人を嫌いになったりしたときに、「自分はなんて嫌な（ダメな）人間なんだろう」といった自己嫌悪に陥り、自己評価が下がってしまう可能性もあります。

また、私は、「他人の悪口を言う人は信用できない」という言葉も、非常に精度が粗いと思っています。

経験や法則が積み重なっていけば、嫌いになったり悪口を言ったりする前に、苦手な人と距離をとれるようになるかもしれません。

しかし、まだその域に達していないのに、ただ「人を嫌ってはいけない」「悪口を言ってはいけない」と盲目的に思い込み、自分の心の中に芽生えた違和感に気づかないふりをして、相手のラインオーバーを許し、どんどんストレスをため込んでいくのは、自分に対して嘘をつくことであり、正しい境界線を育むのを阻害します。
結局それは、誠実な人間関係を築くにもマイナスに作用してしまうのです。
多少、悪口を言うくらいのほうが、少なくとも自分に対しては正直ですし、むしろ自分に嘘をついて悪口を言わない人よりも健全かもしれません。

さらにいえば「嘘をつかない人は信頼できる」という言葉もやはり大ざっぱで、私自身は「他人には多少嘘をついてもいいけれど、自分に嘘をつくのはよくない」と思っています。

苦手な人に、面と向かって「苦手」「嫌い」と言うのは角が立ちますが、「苦手である」「違和感を感じている」ということだけは、自分の中の事実としてはっきり認めてしまったほうが健全です。。

本当は苦手なのに「自分はあの人のことが苦手なんかじゃない」と思い込もうとすれば、自分の中にひずみが生じてしまいます。
自分の気持ちに蓋《ふた》をした結果、自らの心身が不調になってしまっては元も子もありません。

私たちは、幼い頃から、家や学校で「みんなと仲良くしなければならない」と言われて育ってきたため、つい「嫌いだけど、仲良くしなければ」と思ってしまいがちですが、それは子どもの世界の常識にすぎません。

大人の世界では「仲良くないけれど争わない」という状態のほうが多いはずです。仲良くなくても、心の中で嫌っていても、多少悪口を言っても、表だって喧嘩していなければ、それだけで十分に合格点ではないでしょうか。

もし誰かのことを苦手だと思ったら、それが家族や恋人だったとしても、接する時間をいったん減らし、好ましい人たちとの人間関係の割合を増やし、自分の心と身体がどう反応するかを、じっくり感じてみましょう。

きっと世界が健やかになっていくはずです。

相手の性格は変えられませんが、関わる人間関係の割合は自由に変えられます。自分を尊重しない相手から距離を取り、自分を大事にしてくれる相手をより大切にすること。

それが、自分自身を大事にするということなのです。

Live without patience

# 06

# 謝罪は、関係を改善するためだけに行う

さて、他人からのラインオーバーに関係して、一つ、伝えておきたいことがあります。

それは**「誰かに謝罪するときには、ラインオーバーに気をつけたほうがいい」**ということです。

たとえば、仕事で失敗をして、同僚やクライアントなどに迷惑をかけたとき、金銭や人間関係などでトラブルを起こして家族を困らせたとき、自分の言動が原因で友人や恋人と喧嘩になったとき、私たちは反省し相手に謝罪をします。

「相手からの無茶な要求に応えられなかった」ということであれば、謝罪自体する必要がないと思いますが、明らかに自分に落ち度がある場合、謝罪をするのはとても大事なことです。

ただ、ここで考えておきたいのが、謝罪をする理由について、です。

おそらくほとんどの人にとって、「自分や自分の周りの人（家族、恋人、近しい友人、同僚など）の言動によって、何らかの不利益や不快感を与えてしまったことに対し、申し訳なく思う気持ちを相手に伝えたい」というのが、謝罪をする第一の理由でしょう。

でも、その裏には「謝罪をしないと、相手の気持ちがおさまらない」「謝罪をすることによって、相手に許してほしい」という思いもあるのではないでしょうか。

不祥事を起こした企業が謝罪会見を行うのは「企業のさらなるイメージダウンを防ぎ、消費者に許してもらうため」であり、部下がミスをして、取引先に迷惑をかけたとき、上司が謝罪をするのは「取引関係を失わないため」です。

家族や友人、恋人などに対して謝罪をする際にも、「許してほしい」という気持ちがあります。

それを「不純だ」などというつもりは、もちろんありませんし、私自身、誰かに謝るときには、やはり「許してほしい」と心のどこかで思っています。

問題は、「許してほしい」という気持ちが「許してもらえるなら何でもする」という気持ちに変化しやすく、そのために相手からのラインオーバーを許し、自分の人生のコントロール権を手放してしまいやすい点です。

「謝罪をする」ということは、「自分（たち）に落ち度があること」を認めていることですから、どうしても相手に対して負い目を感じ、立場が弱くなります。

そして、世の中には「心を込めて謝ってくれさえすれば、すべてを水に流す」という善良な人もいますが、謝罪した側の負い目や、その裏の「許してほしい」という気持ちにつけ込んでくる人もいます。

「ごめんですんだら警察はいらない」「悪いと思っているなら誠意を見せろ（態度で示せ）」などと口にするのは、だいたいこの手合いですし、わざと車にぶつかって、示談にするかわりにお金を請求する「当たり屋」や、わざと商品やサービスに文句をつけ、値引きや追加のサービスを要求するタイプのクレーマーなども、まさに謝罪する側の負い目を利用している存在です。

また、「北九州監禁殺人事件」や「尼崎連続変死事件」（いずれも、主犯が周囲の人をマインドコントロールし、殺人などをさせた事件）を見ると、主犯はまず、相手に何らかの負い目を抱かせ、そこからじわじわと相手の生活や思考を支配しています。

これらは極端な例かもしれませんが、「謝罪する側が、ついつい相手の言いなりになってしまう」というのはよくあることですし、みなさんにも覚えがあるのではないかと思います。

それでは、いざ謝罪することになったとき、相手からのラインオーバーを拒否したり、相手からの要求にNOを言ったりするためには、どうしたらいいのでしょうか。

まず重要なのは、「心を込めて謝罪すること」と「相手に許してもらうこと」

「相手からのラインオーバーを許すこと」は、まったく別の問題だということを、しっかり認識することです。

謝罪や反省は、こちら側（謝罪をする側）の領域であり、責任をもって行う必要がありますが、「許すかどうか」はあくまでも相手側（謝罪される側）の領域です。

なお、私は以前、ある人から「謝罪の目的は許してもらうことではなく、『関係を改善すること』にある」と教えられたことがあります。

相手に与えた迷惑や損害を認め、その痛みを真剣に慮ること。

さらにそこから、どのような態度でどのように行動すれば、お互いにとってよりよい状況になるのかを、対話しながら考え尽くすこと。

それが、フェアな謝罪のあり方ではないか、と教えられたのです。

ここで大事なのは、目指すゴールが「お互いにとってよりよい状況」であるという点です。

片方がストレスを感じたり、不利益を被ったりするような関係に着地してはいけません。

何らかのトラブルが発生し、あなたが謝罪する立場になったなら、とにかく、申し訳なく思っていることをしっかりと伝え、反省し、改めるべきところは改める努力をする必要があります。

それでも相手が納得していない場合、何がひっかかっているのかを冷静に探り、検討しましょう。

相手が求めている内容が、客観的に見て妥当で公正なものであり、あなたにとって無理なく応じられる範囲のものであれば、受け入れてもいいかもしれません。

しかしそうでない場合は、相手との関係性自体を見直したほうがよいと、私は思います。

謝罪をしているあなたに、必要以上の要求をしてくる相手と、果たして今後もフェアな人間関係を作ることができるでしょうか。

なお、相手が求めているものを検討する際には、決して「許してもらおう」と必死になったり焦ったりしないことです。

もし信頼できる第三者がいるなら、その人に丁寧に事情を説明し、意見を聞いてみるのもいいでしょう。

Live without
patience

# 07

# 心が弱っているときは、自分をジャッジする人から離れる

人間関係については、ほかにも守るべき鉄則があります。

それは**「心が弱っているときは、自分をジャッジする人から離れたほうがいい」**ということです。

私の周りには、絶望を抱えながら、一生懸命に人生を立て直そうとしている、大切な人たちがいます。

そして彼らは事態を前に進めるため、いろいろな行動を積み重ねたり、いろいろな人と会ったりしています。

しかし、人と会うためには気力が必要です。

特に、人生再構築クラスの事態から立て直しを図らねばならないとき、その人のHPは過去最低レベルに低くなっていると考えたほうがいいでしょう。

心は、通常の8倍くらい傷つきやすく、敏感になっています。

そのような状態にある人にとって、気力は貴重な資源であり、いたずらに消費するわけにはいきません。

つまり、「誰と会うか」が非常に重要となります。

会った後で「本当に会ってよかった」「会ったおかげで元気が出たし、前向きな気持ちになれた」と心から思える人もいれば、「会わなければ良かった」「気力を消費し疲れてしまった」「焦りや絶望を感じてしまった」と思ってしまう人もいます。

そして残念ながら、世の中には、後者に該当する人のほうが多いのです。

では、心が弱っているときに会っておいたほうがいいのは、一体どんな人なのでしょうか。

簡単に言うと、「元気がないときに会っても、『また会いたい』と思えるような人」「自分を守らなくてもいい（防衛コストを一切払わなくてもいい）ほどに安心できる人」だと、私は思います。

もう少し具体的に特徴を書くと、以下の通りになります。

・あなたを「ジャッジ」しない。
・強い言葉を使わない。
・強い感情をあらわにしない。
・あなたに「要求」をしない。
・100%ポジティブな人よりも、3割程度の「闇」がある。

こういう人に使う時間やエネルギーの割合を可能な限り高めることで、人生や気持ちの立て直しは、かなり早まると考えられます。

逆に、あなたをジャッジする人や強い言葉を使う人、強い感情をあらわにする人、あなたに要求をする人、ポジティブすぎる人に会うと、気力をいたずらに消費することになりかねません。

まず、人は自らが評価の対象として誰かの目にさらされているとき、生理反応として防衛的になります。

入学や入社、昇進試験の面接、あるいは合コンやお見合いなどのとき、自分の気持ちや態度がどのような状態だったかを考えてみましょう。

ほとんどの人は、無意識のうちに「ネガティブなジャッジを下されないようにしよう」「ポジティブなジャッジが下されるようにふるまおう」と身構え、神経をとぎすませています。

それは、「安心」や「リラックス」とは対極にある状態なのです。

同じように、自分の気持ちや意見を言ったとき、「それは違う」「それはおかしい」もしくは「それが正解だ」などと言ったり、「あなたは～な人だよね」と決めつけたりしがちな相手に対して、人は安心して自分の思いを伝えることができませんし、ジャッジによって傷つかないために膨大な気力を消費しなければならず、回復にまわすべきエネルギーが足りなくなります。

また、強い言葉を使う人、強い感情をあらわにする人を相手にすると、やはり人は安心して話ができなくなりますし、心が弱りきっているときに「元気出せよ！」

「頑張って！」などと言われたり、「〜してほしい」と一方的なアドバイスをされたりしても、とても素直に受け入れることはできません。

さらに、ポジティブすぎる人も、弱った心には、かえって毒になることがあります。

「3割程度の『闇』がある人」というのは、昔、患者さんが私に教えてくれた表現で、具体的にいうと、いろいろな苦労や悲しみを経験していて、人間の弱さや醜さに対して寛容な人のことです。

100％性善説のポジティブな「光」の人は、自分が一番しんどいときには、眩しすぎてつらくなってしまうことがあります。

ポジティブすぎる人にはなかなか、「心が弱る」という状態を理解してもらえなかったりしますし、「自分はなぜ、こんな風に明るくいられないんだろう」と、コンプレックスが刺激されかねません。

元気がないときに他人と接すると、本当にいろんなことが見えてきます。

あからさまにマウントしてくるような人は論外として、相手は善意から励ましてくれたり、いろんなアドバイスをくれたり、いろんなことを取り計らってくれたりしているのに、「ありがたいけれど、何かが違う」と感じることもあるでしょう。

その感覚は、大事にしたほうがいいと私は思います。

「私は大丈夫」「元気だよ！」と示さなければいけないような気持ちになってしまったとしたら、相手は少なくとも「最優先で」会うべき人ではないのです。

上手く言えませんが、誰かの絶望にきちんと寄り添える人は、「いま苦しんでいる『あなた』と、それを聴いている『私』は、違う苦しみを抱えているけど、本質的には同じだ」ということを、心から理解できている人だと思います。

だから彼らは、他人をジャッジしないし、自分の意見を押しつけたりもしません。

そして、相手が本当に欲しているものが何であるかをわかっています。

心が弱っているときに最優先で会うべきなのは、そういう人なのです。

仮に今、あなたが自分自身や人生に絶望しており、HPが1ケタになってしまっているとしましょう。

そんなとき、あなたにとって何よりも必要なのは、表面的な慰めや励ましではなく、自分が生きてきた道筋や今感じていることを、ありのまま肯定してもらうことではないでしょうか。

たとえば、あなたが「死にたい」「自分は空っぽで価値がない」「消えてしまいたい」と思い、それを口にしたとしましょう。

おそらく「そんなこと言うなよ」「十分に価値があるよ」といった言葉は、あなたの心には届かないでしょう。

あなたのそうした気持ちや、それでも今まで頑張って生きてきたという事実を、相手が「良い」「悪い」といった判断を下さず、丸ごと受け入れてくれたとき、あなたは初めて安心し、「本当はどうしてほしいか」「どうなりたいか」「これからどうするべきか」を考えることができるようになるはずです。

その人が見てきた世界の中でのことは、結局はその人にしかわかりません。

それを見ていない他人が、自分の理解できる範囲の話に無理矢理矮小化したり、ジャッジしたりすることは、相手の人生や尊厳を侵すことであり、積み重ねてきた安心や信頼を一瞬で崩壊させてしまいかねないことです。

「相手の人生や今感じていることを、ありのまま肯定する」「他の人の人生をリスペクトする」というのは非常に難しく、それができる人はどうしても限られてきます。

そのため、心が弱っている人は、「会える人」がどんどん減っていってしまいます。

「あなたにこそ、自分の苦しみや絶望を理解してほしい」と思った相手から、そうした態度を得られなかったり、失われたりしたら、その失望や苦痛は大変なものです。

そして、「頑張って人に会ってはみたものの、結果的にしんどくなったり失望したりする」を繰り返しているうちに、少しずつ他人と疎遠になっていき、「誰もいなくなってしまった」ように感じてしまうこともあります。

でも、たとえ「絶対的に安心できる相手」が見つからなかったとしても、「相対的に安心できる相手」を探すことは大事だと、私は思います。

心が弱っている自分のことを、完璧に理解してくれなくてもいい。

ただ、一生懸命に自分の人生や自分が今考えていることを受け止めようとしてくれている。

そうした人たちとの時間を積み重ねていくことは、きっと、心や人生を再構築するための基盤になってくれるはずです。

我慢せず生きるために

Contents 2

Live without patience

# 会社や社会に疲れてしまった人への処方箋

Live without patience

# 08

# 会社、職場の人間関係は、人生のあり方を左右する

ここまで、自分の心や生活、人生を、自分にとって好ましい人や言葉、ルールで満たすことの大切さ、自分と他人の間の境界線や、自分が責任をもって守るべき領域を意識することの大切さについて話してきました。

続く、本章「会社や社会に疲れてしまった人への処方箋」では、特に「会社における人間関係」や「社会の環境やルール」について考えていきたいと思います。

子どもの頃の人間関係の中心は家庭と学校であり、それらは子どもの人格や価値観を形成するうえで大きな影響を与えます。

しかし、子どもには親（家庭）や学校を主体的に選ぶことはできませんし、厳しい環境の中で自分の心や身体を正しく守る技術も持ち合わせていません。

トランプなどで、最初に配られたカードが不利だと、どうしても不利なゲームを強いられてしまうように、家庭や学校の環境が好ましいものでなかった場合、その人の人生は、環境に恵まれた人に比べて、どうしてもハードモードになりがちです。

残念ながら、この点に関しては、社会は不公平だと言わざるをえません。

一方、成長し社会に出ると、人間関係の中心は「会社・職場」に移ります。

多くの人は、学生生活を終えた後、基本的には就職した会社で「社会人として」生きていくためのルールや技術の多くを学ぶことになりますし、平日ですと一日24時間のうち、3分の1以上を職場で過ごすことになります。

職場は、大人になって以降の生活や人生の土台であり、職場の人間関係は、家庭や学校での人間関係と同等か、それ以上に重要だといえます。

だからこそ、**職場の人間関係のルールや環境を見直すことは、必要以上に我慢をせず、自分らしく幸せな人生を送るうえで必要不可欠**です。

世の中には、本当の意味で人を大事にしてくれる職場に恵まれ、自分の領域を不当に侵害されることなく、幸せに穏やかに生きられる人もいれば、ラインオーバーを繰り返す経営者や上司、同僚、取引先などによって、自分の領域を侵害され、ときには心や身体、生活、人生を破壊されてしまう人もいます。

忘れられないのが、大学時代に苦楽を共にした私の親友のことです。

彼は運動部のキャプテンで、成績も優秀で、とても優しくて、他人の魅力に光を当てるのが得意で、彼の周りにはいつも人があふれていました。

本当のリーダーとは彼のようなことをいうのだろうと、私はひそかに憧れていました。

しかし、大学を卒業し、ようやく医師人生の入口に立った研修医のとき、彼は心身の体調を崩し、自死をとげてしまいました。

他の組織同様、医療の現場でも、放っておけば研修医や新人職員など「もっとも弱い立場の人」に負担が集中します。

後から知ったのですが、実は臨床研修医というのは、約3割の人がうつになるほどの、世界共通のハイリスクな仕事だといわれています。

彼に何が起きたのか、なぜこのような環境が放置されてしまっているのか、優しくて善良で、どう考えても幸せになるべき彼のような人間が、なぜこのようなことになってしまったのか。

これが、私がメンタルヘルスという領域に興味を持った原体験です。

また、別の女性の友人は、最初に就職した会社で厳しいノルマを課され、心身のバランスを大きく崩してしまいました。

彼女の上司は「たとえ99点とっても、100点でなければ0点と同じだ」が口ぐせで、その言葉（ルール）によって、部下たちを追い込んでいたそうです。

当然のことながら、99点は99点であり、決して0点ではありません。

「99点は0点と同じ」などというのは、上司が勝手に決めた何の根拠もないルールにすぎず、社会に出るまでは友人自身もそんな価値観は持ち合わせていませんでした。

しかし、友人が素直すぎたのか、彼女の脳内には上司のルールがインストールされてしまい、会社を辞めた後もしばらく、それに縛られ悩まされていました。

職場の人間関係は密で影響力が大きく、どのような環境でどのような人とどのような関係を作るかは、その後のあなたの心や生活、人生のあり方を左右します。

ただ、知識や経験が蓄積されている分、大人は子どもよりも、好ましい人間関係を作るための技術を身につけやすく、職場や働き方は自由に選ぶことができます。

もちろん、全員が希望した会社に入り、希望した部署に配属されるわけではありませんが、選びようがない親（家庭）や住んでいる地域、学力、親の経済力や価値観などによって、ある程度決められてしまう学校に比べれば、職場や働き方の選択肢の幅は果てしなく広いといってもいいでしょう。

もしあなたが、現在の職場の人間関係や環境、ルールなどに対し不快なもの、ももやしたものを感じているなら、一度きちんと見直し、あなたにとって好ましくない関係性やルールには、少しずつ心の中でNOをつきつけていきましょう。

そのうえで、どう頑張っても自分の境界線や領域を守りきれないとわかった場合は、退職や転職をするという選択肢を早めに持ってほしいと思います。

Live without
patience

# 09

# 社会にはあなたの真面目さや善良さにつけ込む人がいる

最初にみなさんにお伝えしたいのは、**「社会には不公平なトレードがあふれている」**ということです。

私たちは日々、いろいろなものを他人とトレードしながら生きています。

家族や恋人、友人とは愛情や思いやりをトレードし、お店では商品やサービスと代金をトレードし、職場では労働時間や労働力、能力、アイデアなどと給料をトレードし……。

この世の中は、そうしたおびただしい数のトレードによって成り立っています。

ただ、トレードは必ずしもフェアに行われているとは限りません。

代金に見合わない商品やサービスは山のようにありますし、愛情や思いやりに関しても、「一方ばかりが愛情を注ぎ、もう一方はそれに応えるどころか、愛情や恩を仇で返すようなことをする」というのは、よくあることではないでしょうか。

もちろん、会社においても同様です。

というより、会社こそ、不公平なトレードに満ちているといえるかもしれません。

たとえばあなたは、職場でこんな状況を味わったことはありませんか？

・いわゆる「ブラック企業」で、パワハラが横行し、上司や経営者によって厳しいノルマを課され、サービス残業の連続で、睡眠時間もろくにとれない。
・形骸化した意味のない会議や打ち合わせ、手続きに、やたらと時間をとられる。
・「一番年下である」「女性である」などを理由に、ほかの人がやりたがらない雑用を押しつけられる。
・上司や同僚に仕事の邪魔をされたり、手柄を横取りされたりする。
・良かれと思って同僚の手伝いを申し出たら、どんどん仕事を押しつけられ、ミスの責任まで負わされる。
・やる気のない部下の教育を任され、仕事の足を引っ張られ、ストレスばかりがたまっていく。
・クライアントが、代金に見合わない無茶な注文ばかりしてくる。

ほかにも、たとえば「コンビニのアルバイトが、売れ残ったクリスマスケーキを自腹で買い取りさせられる」とか「台風がきたとき、『明日電車が止まるのを見越して、自腹で職場の近くのホテルに泊まれ』と上司に命令される」といった話を、よく耳にします。

これらはいずれも、完全なラインオーバーであり、職場における不公平なトレードの実例といえます。

本来、あなたと経営者、あなたとクライアントは、給料や代金と引き換えに、あなたがそれにふさわしい時間や労働力、能力、あるいは商品やサービスなどを提供するという、フェアなトレード関係にあるべきです。

また、あなたと上司、あなたと同僚も、互いの利益、互いの幸福のために、フェアに時間や労働力、能力、アイデアなどをトレードし合う関係にあるべきです。

それこそが健全で公平な人間関係だと、私は思います。

ですが、社員や仕事を受注する側は、しばしば経営者やクライアントから、不公平なトレードを要求され、我慢を強いられます。

世の職場には、「自分だけが得をしたい」「自分の存在感を示したい」「少しでもラクをしたい」「自分の身の安全さえはかれればいい」「自分より目立つ人間は許せない」といった思いを抱え、あなたの真面目さや善良さ、罪悪感、立場の弱さなどにつけ込み、利用しようとする人間が少なからずいます。

彼らは「社会人は～であるべきだ」「管理職は（部下は）～するべきだ」「お客さま（お金を払う側）は神様だ」といった一方的なルールを押しつけ、あなたの領域を平気で侵害し、あなたの時間や労働力、能力を、さらにはあなたの価値観やルール、幸せで穏やかな生活、人生そのものさえ奪っていきます。

今までのあなたは、もしかしたら、そうした他人のルールを疑うことなく受け入れ、「社会人とはそういうもの」「自分は管理職だから（もしくは部下だから）仕方がない」「自分は仕事をもらう立場だから仕方がない」と、不公平なトレードやラインオーバーをおとなしく許していたかもしれません。

「頼りにされているうちが花」と、自分に言い聞かせてきた人もいることでしょう。

しかし残念ながら、不公平なトレードを繰り返した先には、あなたにも、そして不公平なトレードを持ちかけた相手にも、おそらく後悔が待っています。

どのような後悔が待っているかについては、次項で詳しくお話しします。

Live without patience

# 10

# 「幸福な人生を諦める」か「自分の心が求めるもの」に気づくか

あなたは、「ミッドライフ・クライシス」という言葉をご存じでしょうか。

これは、30代後半から50代にかけての中年期に訪れる深刻な精神的危機のことで、男女を問わず、約80％の人が経験するといわれています。

たとえば、「競争に勝ち、いい学校、いい会社に入って出世すること」「働いて少しでも多くのお金を稼ぎ、いい暮らしをすること」「会社や社会に求められる人材になり、ときには自分の時間や生活を犠牲にしても、会社の利益に貢献すること」などを「正しい」「幸せ」と信じて生きてきた人が、人生の後半にさしかかったとき、それまでの生き方に疑問を持ったり、価値がないと感じたりすることがあります。

同時に、「自分らしい生き方をしたい」という気持ちが高まり、「今、自分がやっていることは、自分が本当に求めていることなのか」「もっと良い生き方があるのではないか」と、**自分の人生のあり方や意味を問い直さずにいられなくなるのです。**

一方で、中年期にさしかかると、どうしても若い頃に比べて体力や気力、記憶力、容姿などが衰えてきます。

これまで頼りにしていた「必勝パターン」が通用しなくなり、能力の限界を感じることも多くなってくるでしょう。

そして「自分は会社や社会にとって要らない人間なのではないか」と考え、不安や恐怖に襲われたり、苦しんだりするようになります。

同時に、「人生は有限であり、元気に動ける時間も限られている」と実感し、「このまま、今までと同じように生き続けていいのだろうか」「自分の人生は無意味なのではないか」という思いがどんどん強くなっていきます。

それが、ミッドライフ・クライシスです。

特に、人生の前半（40代くらいまで）に、頑張って会社や社会に適合してきた人、すなわち「自分の中にインストールされた会社や社会のルールを、疑うことなく素直に受け入れてきた人」ほど、ミッドライフ・クライシスに陥りやすいといわれています。

その結果、うつ状態になってしまったり、あるとき突然、仕事や家庭を放り出してしまったりする人も少なくありません。

私たちは子どもの頃から、親や学校、メディアなどによって「素直な良い子であること」を求められ、「社会で成功すること」「社会の役に立つこと」「競争に勝つこと」を目指すよう教育され、会社員として働き始めると、「会社に求められる人材であること、会社が求める価値を作り出すことこそが善である」という価値観、ルールを刷り込まれています。

しかし、当然のことながら、それらは「自分が本当に心から望んでいること」「自分の人生にとっての善」とは異なります。

もちろん、社会全体の経済を回すには会社という形態が必要であり、「会社や社会のルールを、自分の中にある程度インストールしておく」というのは、会社や社会の中で生きのびていくためには、ある程度有用なことです。

しかし、それらをフルインストールして自分の価値観を完全に上書きし、人生のコントロール権を手放してしまうのは考えものです。

後で詳しくお話ししますが、会社や社会の価値観、ルールは、決してあなたを本当の意味で幸せにはしてくれません。

それらは、基本的には競争原理に基づいているからです。

競争に勝てばお金や名誉が手に入り、一時的に自己評価が上がるかもしれませんが、そこには常に「今度は負けるかもしれない」「負けたらどうなるんだろう」という不安がつきまといますし、実際、人は永遠に「勝ち続ける」ことはできません。

競争に勝つことで得られる幸せは、決して長続きはしないのです。

また、会社や社会、あるいは「会社や社会のルールを脳内にフルインストールした他人」は、あなたに「良き歯車」であることを求め、その単一的な価値観に基づいて、あなたを一方的にジャッジします。

会社や社会からの要求に応えられている間は、それなりにいい評価が下され、承認欲求が満たされるかもしれませんが、競争に負けたりミスをしたり「欠点」がクローズアップされたりすると、たちまちあなたには厳しい評価が下されてしまいます。

「会社に求められる人材になる」「社会の役に立つ」という気持ちも大事ですし、決して否定されるべきものではありませんが、そうした気持ちは不公平なトレードに利用されやすいため、注意が必要なのです。

特に若いうちは、「会社に求められるままに、頑張って応える」という契約関係になりがちですが、会社のルールを鵜呑みにし、会社のシステムに乗っかり、会社の要求に応えられる能力があることをアイデンティティにしてしまうと、人生のどこかのタイミングで後悔することになりかねません。

たとえば、銀行で融資を担当している人が、周りから「優秀だ」と評価されているとしましょう。

でも、その評価のベースとなっているのが、「扱っている融資の額が大きい」「融資のジャッジが的確である」といったことだけであれば、それは単に「銀行員として優秀である」「融資の技能、会社の中で役に立つ技能が優れている」ということでしかないのです。


もちろん、技能が優れているのは誇るべきことですし、技能を伸ばすことで得られる幸福も大事です。

しかし、技能はあくまでもその人の一面にすぎず、非常に環境依存的、一時的なものです。

技能だけ切り分けて褒められるのは、「お金をたくさん持っていていいですね」「顔がかわいいですね」と言われるのと同じようなものといえるのではないでしょうか。


なにより、会社員としての技能や価値、評価がどれほど高まっても、定年退職すると同時に、それらははぎとられてしまいます。

ミッドライフ・クライシスに陥らなかった人でも、60代以降になると、突然、「あなたの人生における、技能や職業以外の喜びや生きがいは何か？」という問いに直面せざるをえなくなります。

趣味らしい趣味を持つこともなく、60代になって定年を迎え、仕事から切り離されたとき、「自分には仕事以外にやりたいこと、喜びや生きがいを見出せるものが何もない」と気づく人は少なくありません。

こうしたことは、不公平なトレードによって損をさせられがちな人だけでなく、会社や社会のルールを利用して、多少なりとも「おいしい目」を見てきた人にも等しく訪れます。

ミッドライフ・クライシスや定年退職後の虚無感に襲われないためには「会社や社会が『是』とする価値観は、あくまでも他人の都合で考えたものであり、自分を本当に幸せにしてくれるとは限らない」ということに気づくことです。

それらが本当に自分にフィットしているのか、どこかのタイミングでしっかりと検証し、「合わない」「不快だ」「必要がない」と感じたルールや関係性にはNOをつきつけ、自分のルールに基づいて生きる道を探すしかないのです。

なお、これまでさまざまな友人や患者さんたちと接してきて感じるのは、「中年期にさしかかった時点で、自分が幸福な人生を歩むことをあきらめてしまっている人が、たくさんいる」ということです。

彼らもやはり、他人（会社や社会、親、身近な他人など）の価値観、ルールを脳内にフルインストールし、絶対的なものだと信じています。

そのため、その価値観やルールに適応できず、会社や社会や身近な他人からネガティブな判断を下されている自分のことを「ダメ人間」「能力も魅力もない」「幸福になる価値がない」と思い込んでしまっているのです。

当然のことながら、それは大きな間違いです。

彼らが考えている「幸福」は、ある一時代の社会において理想とされ、追うべきモデルの一つとして提唱されたものにすぎず、今、この時代を生きる彼らの心にフィットし、安らぎをもたらしてくれるものではない可能性が高いといえます。

むしろそのような、いわば「偽物の幸福」をつかまされ、縛られずにすんでいる分、彼らのほうが、より早く「自分が心から求めるもの」に気づき、それを追求し、本当の幸福を得られる可能性が高いといえるかもしれません。

人生の時間は限られています。

自分を縛っている他人のルールを断ち切り、自分のルールに基づいて生き直すタイミングは、早いに越したことはないのです。

Live without
patience

# 11

# 私たちはお金と我慢をトレードするために働くのではない

人間の脳は、パソコンのハードディスクのようなものです。

そこには親や教師、会社の上司、メディアなどによって、さまざまなソフト（価値観やルール）がインストールされ、私たちの思考や行動のもとになっています。

そうしたソフトの中には、この社会で生きていくうえで欠かせないもの、役に立つものも数多く含まれていますが、ときどき、要らないソフトや不良ソフト、パソコンに合わないソフトも混じっていて、それがパソコンの動きを鈍くしたり、不具合を生じさせたりしています。

「我慢は美徳」という名のソフトも、その一つです。

**「我慢は美徳」というのは、他人に我慢をしてもらったほうが都合がいい人たちの勝手なルールにすぎません。**

もちろん、社会でうまく生きていくうえで、我慢というスキルが必要になることもあります。

しかし、それは短期的にはつらいことがあっても、長期的にはそれを上回るメリットがあるときに限って発揮されるべきスキルだと思います。

「我慢することそのものが美徳だ」などというのは大嘘なのです。

そもそも、たいていの人の「我慢スキル」は、小卒（もしくはそれ相当）の経験ですでに十分に備わっています。

ゲームでいうところの「守備力」だけが突出している状態なのに、それをさらに高めようとするだけなので、育成戦略としてあまり意味がありません。

守備力だけが高いキャラクターは敵の攻撃を一身に受けるサンドバック役にされてしまうのがゲームの定石ですが、それがあなたの望むことでしょうか。

「我慢」はあくまで手持ちのカードの一枚にすぎず、すべての局面を乗り切れるほど便利なものではないと考えたほうがよいのではないでしょうか。

ところが、今の日本において、多くの人は必要以上に我慢を重視し、我慢しすぎているといえます。

小さい頃から、家庭や学校で「我慢しなさい」とか「人に迷惑をかけてはいけない」と言われ、「素直な良い子」であれば褒められ、わがままを言えば叱られるため、「我慢は美徳」という価値観、ルールが当たり前のようにしみついてしまっているのです。

誰かに強制されなくとも、自ら進んでつらいことや努力や我慢をしようとしますし、どんなに大変でも、自分を喜ばせたり休ませたりすることができない傾向にあります。

残業代どころか、給料も十分にもらえない「ブラック企業」で、厳しいノルマを課されプレッシャーをかけられ、心身ともにギリギリまで酷使しながら働く人、苦痛でしかない人間関係を続ける人が世の中にあふれているのは、そのためだと思います。

しかも、彼らはおそらく、どれほど理不尽な状況に置かれても、「人生には我慢も大事」「自分さえ我慢すれば」などと考え、身体が悲鳴を上げていても「このくらい我慢できなくては生きていけない」「まだまだ我慢が足りない」などと思っているのです。

それほどまでに我慢を続けた自分に対して、「まだ我慢が足りない」というのは、果たして正しい認識といえるでしょうか。

これは明らかに、生存戦略として誤っていて、非常に危険な状態です。

人間の脳は、自分が理不尽な状況に置かれ、つらさを感じると、何とかしてラクになろうとします。

つらい状態を「つらい」と認識したままいつまでも続けるのは不可能だからです。

その際、本来なら「理不尽な状況を変える」「理不尽な状況から逃げ出す」というのが、もっとも健康的な解決方法なのですが、それらを実行しようと思ったら、大きなエネルギーが必要になります。

状況を変えるには、他人への働きかけが不可欠であり、「住み慣れた環境を捨て、新たな環境に飛び込む」ことに、多くの人は不安や恐怖心を抱くからです。

すると、脳は驚くべきことに、つらい状態に対する認識自体を変えようとします。つらい状態を「つらくない」「この程度はまだ耐えられる」と考えるようになるのです。

そのほうが、環境に働きかけたり、環境から飛び出したりするよりもラクだと判断してしまうからです。

また、人間が、ある感情を出さないようにしていると、その感情は退化するといわれています。

怒りや悲しみ、つらさなどの感情を自分で抑えようとしたり、人に伝えずに我慢したりしているうちに、自分の欲求や気持ちがだんだんつかめなくなっていくのです。

でも、これらはただ、心に蓋をしているだけにすぎません。

なかったことにされた「本来の感情」は、蓋の下でたまり続け、徐々に圧力を増していき、いつか必ず爆発します。

「会社に向かう電車の中で、突然涙が出る」といったように、心身の不調となって表面化するのです。

ストレスによって自律神経が乱れ、「疲れやすくなる」「食欲不振や過食・拒食になる」「眠れない、または眠りすぎてしまう」「じんましんが出る」「胃痛、下痢、肩こり」など、体に症状が現れることもあれば、「うつ状態になり、物事に興味や喜びを感じられなくなる」「脳の働きが低下し、集中力がなくなり、思考がまとまらない」「ささいなことでイライラする」など、心に症状が現れることもあります。

こうした状態は、「このままだとあなたの心と身体は崩壊しますよ」というアラームが鳴っている状態だと理解しましょう。


「我慢は美徳」という価値観は、あなたの本来の感情を感じる機会を奪い、抑えつけ、今のあなたに本当に必要なものを判断する能力を奪っていきます。

そのデメリットは、我慢そのものによって得られるメリットよりもはるかに大きいので、さっさと脳内からアンインストールしてしまったほうがいいのです。

なお、「我慢は美徳」という価値観がインストールされていると、人はたいていい「ラクしてお金をもらうこと」に罪悪感を抱きがちになります。

実際、老若男女を問わず、「今やっている仕事は、自分にとって全然つらくないのに、お金をもらうのが申し訳ない」といった言葉を口にする人は少なくありません。

彼らはたいてい、自分自身をどんどん「つらい環境」に押し込めようとしますし、少しでも時間があくと、すかさず仕事ややるべきことを入れようとします。

最初は大変だった仕事に少しずつ慣れ、余裕が生まれると、そこに新たに大変なこと、苦しいことを入れてしまいます。

このタイプの人は、おそらく「お金は、『苦労』や『我慢』の代償として支払われるものである」という思考がベースにあるのでしょう。

そして、その考え方は、身近な他人（親や上司など）から植えつけられた可能性が高いのです。

しかし、冷静に考えてください。

給料や代金は、あなたの時間、労働力、能力や、あなたが生み出した「価値」、あなたが提供した商品やサービスに対して支払われるものであり、あなたがどれだけ苦労したか、我慢したかは一切関係ありません。

私たちは別に、お金と我慢をトレードしているわけではないのです。

給料や代金をもらうときに、「こんなにラクにお金をもらってもいいのかな」という気持ちが浮かびそうになったら、「自分はそれだけの価値を生み出したのだ」「自分にはそれだけの価値があるのだ」と考え直すようにしましょう。

もちろん、特に仕事を始めたばかりのとき、修業によって何かを身につけなければならないときなど、仕事の場において、どうしても我慢が必要なこともあります。

その場合も、ただ「新人（修業の身）だから我慢しなければ」と素直に受け入れ

てしまうのではなく、

・我慢することで、自分に得られるもの（メリット）があるかどうか。そのメリットを自分が欲しいと思っているかどうか。そのメリットが、自分の支払うコスト（お金、時間、エネルギー、ストレスなど）に見合っているかどうか。

・我慢しなければならない期間が決まっているかどうか。

をきちんと吟味《ぎんみ》しましょう。

もし、支払うコストに見合うメリットがなく、期間が決まっていなかったり長すぎたりするようなら、それは不公平なトレードといえます。

自ら結論を出し、NOをつきつけたほうがいいでしょう。

Live without
patience

12

# 罪悪感から他人に
# 時間を
# 使いすぎていないか

**「罪悪感」という感情は、「我慢は美徳」といった価値観やルールと並び、あなたに不公平なトレードを強いる「内なる敵」の一つです。**

たとえば、あなたは「自分のひと言が誰かを傷つけてしまった」「誰かの頼みを断ってしまった」「親の期待に応えられなかった」と悩んだり、有給をとって仕事を休むことに罪悪感を抱いたりしたことはありませんか？

まず知っておいてほしいのは「罪悪感とは、実は自己中心的な感情である」ということです。

これは、精神科医の水島広子先生に教えていただいたのですが、私も最初に聞いたときは意外に感じました。

後で詳しくお話しするように、罪悪感という感情には「関係を修復する役割がある」といわれていますが、その感情にとらわれすぎていると、相手の関係がうまくいかなくなる傾向にあります。

つまり、きわめて厄介な感情なのです。

もちろん、故意に人の心身を傷つけるなど、まぎれもなく「悪いこと」をしておきながら罪悪感を覚えない人や、「罪悪感のかけらもない」横暴な振る舞いをする人に関しては、別次元の話なので、ここでは触れません。

もしあなたの周りにそういう人がいるなら、すぐに距離を置きましょう。

罪悪感の正体を知り、それにとらわれすぎないこと。

それだけで、あなたは不公平なトレードや、あなたに不自由な思いをさせる「他人のルール」にNOをつきつけ、より自分らしい人生を生きられるようになります。

さて、罪悪感にかられやすい人は、他人に対して常にものすごく気を遣っている人です。

罪悪感という感情を紐解くために、この「気遣い」と罪悪感の関係について考えていきましょう。

私は、あらゆる気遣いは、以下の2種類に分かれると思っています。

・自分が嫌われない、傷つかないための（防衛的な）気遣い。
・自分のことは置いておいて、純粋に相手にとってのプラスを考えた気遣い。

そして、世の中には、防衛的な気遣いのほうが圧倒的に多いように思います。

もちろん、防衛的な気遣いは悪いものではないですし、相手との関係を悪化させないために必要なものです。

しかしこの防衛的な気遣いが、必要のない罪悪感を生む原因となっていると私は思います。

「誰かを傷つけてしまった」「頼みを断ってしまった」「親の期待に応えられなかった」といった気持ちは、相手のことを考えているようでいて、結局は「自分が嫌われたらどうしよう」という思いの表れであり、「相手に失望され、責められ、傷つけられる前に、自分から申し訳なさを感じておこう」という、自己防衛的な思いから生まれているという側面があるからです。

さらに、必要のない罪悪感を抱えると、本当は望んでいないのに、相手の言いなりになってしまうことがあります。
なぜなら、罪悪感というものは、他人をコントロールするのに利用されやすい感情だからです。

交渉の際によく使われる心理テクニックとして、「最初はとんでもない要求を出してわざと断らせ、相手が罪悪感を抱いたところで、本当に通したい要求を提示する」というものがあります。

押し売りなどは、これを巧みに利用して、はじめは高額な商品をすすめて何度か断らせ、最終的にそれよりも安い、しかしそもそも、客は欲しいとも何とも思っていない商品を買わせたりしています。

職場においても、罪悪感は、不公平なトレードに利用されがちです。
有給をとるのも、自分の仕事が終わったらさっさと帰るのも、本来は当然の権利のはずなのに、職場の雰囲気によって「同僚が働いているのに休みづらい」「先に帰りづらい」という気持ちにさせられたり、どう考えても理不尽なノルマを課せられているのに、「ノルマを達成できず、期待に応えられなくて申し訳ない」という気持ちにさせられたりする、というのはよくある話です。

デンマークの心理療法士イルセ・サンは、『敏感な人や内向的な人がラクに生きるヒント』（枇谷玲子訳、ディスカヴァー・トゥエンティワン）の中で、罪悪感の本質について次のように書いています。

「私たちが抱く罪悪感は、実際には〝他の人からネガティブな感情を向けられることへの恐怖〟であると意識しましょう。他の人からネガティブな感情を向けられることに耐えられず、自分自身の罪の意識にも耐えられないのなら、自分の身に火の粉が降りかかるのを避けようと、考えうることは何でもするでしょう。

ひょっとしたら、他の人に見つかる前に自分のあら探しをして、自分自身の不完全さを補うことに注力するという戦略や、〝周りの人に望まれているであろう自分〟でいようとする戦略をとるかもしれません。そして、その戦略が、罪悪感という不快な感情を避ける助けとなるよう望むのでしょう。

ところが、実際はその緊張感がかえって逆効果となり、気楽で心地よい心持ちから遠ざかることとなってしまうのです」

ここに書かれているように、対人関係で罪悪感にとらわれると、人は「合わせる顔がない」と、相手との関係に対して逃避的になってしまいます。

でも、たとえば、相手を傷つけるような言葉を言ってしまったときや、相手のたっての頼みを断ってしまったとき。

たしかに相手は、あなたの言葉に一時的に傷ついたり腹を立てたり、頼みを断られて困ったりしたかもしれないけれど、そのうえで、やはりあなたを大切な人だと考え、これからも人間関係を続けていきたいと思っているかもしれません。

あるいは、仕事に行き詰まって、職場を何日も無断欠勤してしまったとき。

職場の同僚たちは、とにかくあなたから事情を聞き、進捗《しんちょく》を確認し、協力し合って問題を解決したいと思っているのではないでしょうか。

親や友だち、パートナー、同僚など、大切な相手が望むことに100％応えられなかったとき、「申し訳ない」と思ってしまうのは仕方がないことです。

しかし、罪悪感を抱いた結果、相手と顔を合わせることや、率直なコミュニケーションをとることができなくなってしまうのは、非常にナンセンスです。

それは、一見相手のことを考えているようで、実は相手の気持ちを完全に無視した行為であり、結局誰も幸せにはしないのです。

本来は関係の修復のための感情なのに、逆にマイナスに作用してしまう。

罪悪感というのは、そうしたことが起こりやすい厄介なものなのです。


では、罪悪感に悩まされないためには、一体どうしたらよいのでしょうか。


まず、「罪悪感が実は自分勝手で、関係改善に役に立ちにくい感情である」ということを前提の知識として知っておきましょう。

そうすれば「何もかもすべて私が悪い」という罪悪感の檻《おり》にとらわれ、置かれている状況を正しく判断できなくなるリスクは下がります。

次に、罪悪感によって他者にコントロールされることを防ぐために、自分の中で物事の優先順位をつけ、その順位づけを忠実に守りましょう。

「一刻を争う急病人から助けを求められた場合」など、よほど切迫した緊急性のある状況でない限り、相手の要望や期待が、自分が望むもの、自分が心地良いと感じられるものでないときは、自分の心の声を優先してください。

断るという選択肢を常に持つのです。

最初のうちは、断ることを「不快なこと」「怖いこと」と感じるかもしれません。しかし、断ることで一時的に罪悪感が心の中に生まれたとしても、それが致命的なダメージになることはありません。

「意外とへっちゃら」なのです。

自分が望まないこと、心地良いと思えないことを、勇気を出して断っていくうちに、人は少しずつ「断ること」に慣れ、上手になっていきますし、必要のない罪悪感を抱くこともなくなっていきます。

逆に、断るという選択を避け続けていると、どんどん断ることが怖くなり、「断り下手」になっていってしまいます。

「習うより慣れろ」「案ずるより産むがやすし」とはよくいったもので、頭の中であれこれ考えているだけだと、恐怖心はどんどん大きくなっていきます。

しかし、実際にやってみれば、意外と簡単にできてしまったりするものです。

罪悪感に負けて相手の言いなりになってしまうと、後悔したり自己嫌悪に陥ったり自己評価が下がったりしやすくなりますが、自分の内なる望みを守ることができれば、自分自身を信頼でき、自信が持てるようになります。

適度に、他人の都合よりも自分の都合を優先する。

そうした体験の積み重ねが、自己を肯定する力につながり、本当の意味で他人と健全な関係を構築する能力のベースになっていくのです。

Live without patience

# 13

# 人生は「ほどほどにポンコツ」がちょうどいい

不公平なトレードや一方的なルールを押しつけてくる人間関係にNOを言うと同時に、あなたにぜひ心がけてほしいことがあります。

それは、**「職場や社会で『良い』とされているものを目指しすぎない」「人生何事も、ほどほどにポンコツでいい」**ということです。

どの世界にも「一流」「勝ち組」「王道」とされているポジションやコースがあります。

一般企業なら、花形とされている部署があり、平社員から係長、課長、部長、常務、専務……といった出世コースがありますし、スポーツ選手なら「一軍に入ること」、俳優やタレントなら「主役をはること」「冠番組を持つこと」、作家なら「ベストセラーを出すこと」などが良いとされ、一流の証だとされているのではないでしょうか。

しかし私は、会社や社会によって一方的にそのような順位づけが行われ、みんなが同じポジションやコースを目指すことに、さまざまな問題の原因があるのではないかと考えています。

「そのコースを歩み、そのポジションを得ることこそが良いこと、評価されるべきこと、立派なことである」といった幻想が、「他人を蹴落《けお》としてでも『勝ち組』になりたい」という欲望を生み、それ以外の道を歩む人に「このままでいいのだろうか」「自分に価値はあるのだろうか」といった不安や焦燥《しょうそう》を感じさせるからです。

そして、医師としていろいろな職場で働くうちに気づいたことがあります。

それは、

「無理に頑張って、一流や勝ち組を目指す必要はない」

「そこそこにポンコツな人生は、結構ラクだ」

ということです。

世の中には、自然と「一流」「勝ち組」の道を歩んでしまう人がいます。

本人は頑張って目指しているわけではないのに、好きなこと、興味があることに取り組んでいるうちに、「一流」「勝ち組」と呼ばれるようになった人です。

そのような人は別として、ただ「会社や社会でいいとされているから」「高く評価されるから」という理由で、歩むコースや目指すポジションを選ぶのは、少々リスキーだと思います。

「一流」「勝ち組」といわれているものは、多くの人が「良い」と判断しているものですから、安心感があります。

しかし、結局それは、誰かが決めた価値基準の一つにすぎません。

何を「良い」とするかの暫定《ざんてい》的な補助線にはなってくれますが、変化の激しい時代において、死ぬまでアテにしていい、絶対的に強固な価値観ではないと考えておいたほうが現実的ではないでしょうか。

ちなみに、私自身の医師としての経歴はかなり変わっています。

「邪道」といってもいいかもしれません。

私は二浪した末に、地方の単科大学に進学しました。

決して超一流の名門とはいえない学校でしたが、そこで知り合った仲間たちとのやりとりは、小さい頃から気づかないうちに抱えていた、私の余計な「〜するべき」「〜でなければならない」を、かなり取り除いてくれました。


「医師」というと、多くの人はおそらく、外科医、内科医などを思い浮かべるかもしれませんが、私が最初に選んだのは、放射線科医です。

放射線科の教授が人情家で、この人の下で働きたいと思ったし、コミュニケーションが苦手で手先が不器用で体力がない私でも、消去法的に放射線科なら向いているだろうと考えたからです。


ところが、消去法で選んだつもりの放射線科さえ、私には合いませんでした。

放射線科医はとにかく正確性が求められる仕事ですが、私は致命的にミスやエラーが多い人間だったからです。

後期研修医として所属した大学病院での仕事ぶりはなかなかひどいもので、指導医に「給料泥棒」と言われ、ミスを医局会で吊るし上げられたこともありました。
要は、ミスマッチだったのでしょう。

一方で私は、身近な人たちの自死を経験したことをきっかけに、研修医のメンタルヘルスを守る自助団体を同級生と一緒に立ち上げており、そちらの活動には非常にやりがいを感じていました。

結局、放射線科医を2年やった後、私は県内の市中病院に異動すると同時に、内科医に転向しました。

放射線科が合わなかったのもありますが、医療現場の根本的な問題であるマネジメントに取り組むうえで、内科医ならより一般的に医療と関われると思ったからです。

さらに、病院に勤めながら高知医療再生機構という医療行政的な立ち位置の組織でも働き、多くの人のキャリア相談や心の相談を受けているうちに、次第に「人の人生に関わることの面白さ」に気づくようになりました。

その後、私は「ハイズ」という東京の医療機関向け経営コンサルティング企業に転職し、3年ほど働いてから、今のクリニックを開業しました。
自分の周りの大切な人たちが生きづらさを抱えたときに、その人生の回復の拠点になれるような安心の居場所を作りたいと考えたからです。
以前は、自分がそんな風に考えるようになるとは想像もしていませんでしたが、やってみないとわからないことばかりだったし、やりたいことがどんどん変わっていくほうが自然だということもわかりました。

ちなみに、私のクリニックは、夕方からオープンし夜間診療を中心にしているため、「仕事が終わった後に通院できる」とみなさんに喜ばれていますが、一番の理由は私が早起きが苦手だからです。

このように、やりたくないことから逃げ、相対的にやりたいと思ったことを優先させた結果、私の医師としてのキャリアは横道にそれまくり、「邪道の極み」みたいになってしまいましたが、これがわりと生きやすいのです。

決して医師として「王道」ではありませんが、この道を歩んできてよかったと思っています。

みんなが目指すコースを歩み、ポジションを手に入れると、たしかに親世代の人たちには喜ばれるかもしれません。

しかし、そこに踏みとどまることが第一になると、どうしても自分が本当にやりたいこと、自分が本当に望んでいることが後回しになってしまいます。

また、みんなが目指すコースはなんとなく安心ですが、そこに関係している人たちがあまりにも多く、踏みとどまるためにはあらゆる人の期待に応え続けなければいけないし、どうしても競争が激しくなります。

王道を歩むための維持コストは、ものすごく高いのです。

でも、そこから少し横道にそれるだけで、ものすごくラクな世界が広がっていたりします。

個人的には、「みんながやっていることをちゃんとやろう」といった感覚が薄らいだことも、とてもよかったと感じています。

おかげで、どんどんサボり癖がついていますが、エンジニアの世界では「怠惰は美徳だ」と言われているらしく、その言葉を私も都合良く採用しています。

一方で、サボること、手の抜き方を覚えると、「サボりたくないこと」「手を抜きたくないこと」が明確になってくる気がします。

なお、私は、とにかくゲームが好きで、『スプラトゥーン2』を2000時間以上プレイし続けています。

別に、ゲームがうまくなったところで、誰に褒められるわけでもなく、お金がもらえるわけでもありません。

むしろ、ゲームに没頭すればするほど仕事に支障が出るので、世間的な評価が下がってしまうおそれは十分にありますが、子どものように純粋にゲームに没頭できる時間は、私にとっては非常に大事なものです。

最近は、一時期より仕事をする時間を意図的に減らして、ゲームをする時間を確保するようになっています。

そのほうが、自分の人生は総体として幸せに近づくと思ったからです。

多くの人は「会社や社会で『良い』とされている道を歩むことが正しい」と思い、人生を過ごしています。

中には、親や周囲の人たちに期待され、「そのような道を歩むことが、すでに決定済みの事項のようになっている」「逃げ場がない」と感じている人もいるかもしれませんが、そんなことはありません。

みんなが「いいだろう」と思うものを選択せず、ちょっとだけ「邪でわがままな考え」を入りこませることは、誰にでも可能です。

そこで手に入れられるものが、自分にとって心地良いと感じられるものであれば、会社や社会で「良い」とされているコースから外れても、まったく問題ありません。

社会の「良い」ではなく、総体として自分の幸せに近づく道を見つけたら、ぜひ自信をもって歩いていきましょう。

誰かのために生きる必要はないのです。

我慢せず生きるために

・・・

# Contents 3

Live without patience

# 思い込みを捨て、自分らしい人生を取り戻す

Live without
patience

# 14

# 「自分のルールに基づいた自分らしい人生」を取り戻してほしい

今、この社会には、他人のルールや価値観、人間関係によって縛られ、必要以上に我慢を強いられ、生きづらさを抱えている人がたくさんいます。

特にコロナ禍以降、クリニックにやってくる人の話を聞いていると、テレワーク化が進んで家にいる時間が長くなり、会社の人間関係のわずらわしさからはある程度解放されたものの、家族との関係に悩む人が増えているように感じます。

そんな中、私は**一人でも多くの人に、自分のルールに基づいた自分らしい生活、自分らしい人生を取り戻し、自分の物語を生きていってほしい**と願っています。

それが、この本を書いている理由です。

そしてここまで、

・自分と他人の間にある境界線、自分が責任をもって守るべき領域をしっかり意識し、ラインオーバーしたりされたりすることに敏感になること。

・知らず知らずのうちに自分の脳内にインストールされている、他人や社会から押しつけられた価値観、ルールを見直し、不公平なトレードに気づくこと。
・ラインオーバーを繰り返す人や不公平なトレードを持ちかけてくる人とは、できるだけ距離をとること。

など、「人間関係の見直し方」「会社や社会の価値観、ルールの見直し方」についてお伝えしてきました。


ただ、「自分のルールで生きる」というのは具体的にどういうことなのか、どうすれば実現できるのか。

言葉では、なかなかうまく説明できません。

人それぞれ、自分のルールのあり方は異なるし、「こうすれば絶対に自分のルール、自分の生き方が見つかる」という方法もないからです。

また、自分のルールや自分の生き方を見つけ出すのは難しく、時間もかかります。

いきなり「明日から、100%自分のルールで生きましょう」というわけにはいきません。

だからと言って、面倒くさがって何もせずにいたら、永遠に自分のルールは見つかりません。

では、どうすればいいのでしょうか。

さんざん考えた末に、私がたどり着いた答えは、

「まず、自分に合わないもの、やりたくないことを見つけ、NOを言うことから始める」

というものです。

消極的に見えるかもしれませんが、それが誰でも、明日からでも始められる、自分のルールを探すための方法だと思います。

やりたいことや自分に合うルールを探すのではなく、まず自分が「嫌だ」「苦手

だ」と感じるものを整理していく。

その先に、自分に合うものややりたいこと、自分のルール、真に自分らしい生き方などが見えてくるのではないかと思うのです。


おそらくあなたは今、多くの時間を他人のルールのために割いているのではないでしょうか。


たとえば、他人や社会からネガティブなジャッジをされて、「自分なんてダメだ」と落ち込んでいる時間。

本当は競いたくないのに、他人との競争のために費やさなければならない時間。

気の進まない頼まれごとや、意味のない会議、つまらない飲み会に費やさなければならない時間。

SNSへの「いいね」など、別にやりたくないのに、他人の目を気にして、義務感だけで何かをやっている時間。

仮に、月曜から金曜まで、1日あたり3時間ずつをそうしたことに使っていたら、1週間に15時間、1か月に約60時間、1年に約720時間を、他人のルールのために費やすことになります。

さらに、それが積み重なっていけば、10年で7200時間、30年で2万1600時間。

22歳から65歳まで43年間働くとすると、その間の合計は3万9600時間であり、それを24時間で割ると1290日、実に3年と5か月分に相当します。

でも、自分に合わないもの、やりたくないことにうまくNOを言い、遠ざけることができれば、その時間が他人に奪われるのを、少しずつでも防ぐことができると思いませんか?

自分に合わないものややりたくないことが明確になれば、逆に、自分に合うもの、やりたいこともわかってきます。

そうすれば今度は、自分の手に戻ってきた時間を、そしてエネルギーを、誰のためでもなく、自分が心から楽しいと思えるもの、自分が心地良いと思えることに使っていけるはずです。

「自分のルールで生きる」「自分の物語を生きる」というのは、結局のところ、「自分を喜ばせる時間やエネルギーをできるだけ増やしていく」ことではないかと、私は思います。

そのためには、一体、どのようなことにNOを言っていけばいいのか。

それについては、次項以降で具体的に見ていきましょう。

なお、言うまでもないことではありますが、必要以上に我慢をしないこと、自分のルールで生きることとは、決して「他人のことなどおかまいなしに、わがまま放題にふるまい、すべてを自分の思い通りにすること」ではありません。

自分のルールを振りかざし、周りに自分勝手な要求ばかりつきつけ、他人に我慢を強いるのは、他人の領域へのラインオーバーです。

あなたが自分のルールで生きるために、他の人が自分のルールで生きるのを妨げてはいけません。

お互いが、自他の境界線、自分の領域と他人の領域を尊重し合い、公平な関係性を保とうと努力する。

それは、全員が自分のルールで生きていくうえで、とても大事なマナーです。

Live without
patience

# 15

# 「やりたいことがあることはいいことだ」という思い込みを捨てる

世の中には、一見ポジティブで反論しにくくて、だからこそじわじわと、人にしんどい思いをさせる言葉や考え方、というものがあります。

そのうちの一つが、「やりたいことや将来の夢、希望、目標があるのはいいことだ」という考え方です。

**今の日本社会では、老若男女を問わず、人はみな「やりたいことがある」ことを過剰に求められています。**

子どもの頃は、親からも学校からも「将来の夢は？」と事あるごとに訊かれ、就職すれば「会社のために何ができるのか、何がしたいのか」と尋ねられ、定年退職してからは「第二の人生で何かやりたいことはないのか」と追及されてしまいます。

「やりたいことがあるのはいいことである」「やりたいことがあるのは当たり前である」という考えが蔓延し、それを信じ込んでいる人が、あまりにも多いのではないでしょうか。

でも実際には、本当にやりたいことは、そう簡単に見つかるものではなく、「どうしてもこれがやりたい」と思えることを見つけられた人は、とても幸運です。

「やりたいことが見つからない」という人も、世の中にはたくさんいます。

彼らの多くは、「やりたいことはないのか」と言われ、「特にありません」「まだ見つかっていません」などと答えるたびに、まるで悪いことでもしているかのような気持ちになり、「やりたいことのない自分はダメな人間なのだ」と自己を否定するようになってしまいます。

やりたいことがあれば、生きるのが少し楽になるのはたしかです。

旅に出たとき、あてもなくさまよい歩くより、目的地が定まっているほうが無駄なくシンプルに行動できるように、人生の目標が決まっていれば、日々の生活でやるべきことがはっきりするからです。

やりたいことに向かって努力することは、活力の源になり、充実感や達成感も得やすいでしょう。

ただ、「やりたいこと」というのは、絶対に必要なものではなく、「やりたいことがあるのはいいことである」という考え方は、誰かが勝手に決めた価値観、単に今、流行っているだけの価値観でしかありません。

たとえば、縄文時代や弥生時代に生きていた人たちが、「自分がやりたいことは何か」「やりたいことがない自分には価値がない」などと考えていたとは思えません。

やりたいことなどなくても、人は十分に生きていけるし、やりたいことがあるかどうかで、人の価値が変わることもありません。

一方で、いくら「やりたいこと」があっても、それが「本当に自分がやりたいこと」でなければ、かえって自分を苦しめることもあります。

たとえば、次のような話をよく耳にします。

「『給料も世間体もいいから、頑張って勉強していい大学に入り、絶対に銀行に就職しなさい』と、子どもの頃から親に言われて育ち、メガバンクに就職したけれど、どうしても社風になじめず、すぐに退職してしまった。今まで、銀行への就職だけを目標に生きてきたので、これから何をしたらいいかわからないし、自分の人生が、ひどく意味のない、つまらないものに思えて仕方がない」
「会社でバリバリ働いて出世し、お金を稼ぐことが、自分の人生の夢であり、目標であり、果たすべき役割だと思って、これまで生きてきた。しかし、ある程度出世を果たし、財産も築いたのに、何かが違う気がする。人生ってこんなものなのか、これが本当に自分が求めているものなのか、と、最近ふと思うようになった」

また、私は今まで、「こちらのほうが豊かですよ」と示された道を一生懸命たどり、努力してすべてを得たように感じても、どこかで虚無感を抱いてしまい、「豊かさってなんだっけ」と悩む人をたくさん見てきました。

彼らに共通しているのは、親や社会など、他人の価値観に基づいた「やりたいこと」を追ってきたという点です。

そして、他人の価値観をベースにした「やりたいこと」は、たいてい、地位財を得ることを目的にしたものであり、競争の激しいコースを歩ませようとするものになりがちです。

それらは、一時的な人生の目標や充実感、達成感、満足感などを与えてはくれるものの、長期的な幸福感をもたらす約束まではしてくれません。


しかし、人はなかなか「自分が本当にやりたいこと」と「他人に押しつけられたやりたいこと」を区別することができません。

子どもの頃から「誰かが決めた価値観」の中で生きていると、それが当たり前になってしまい、たとえ本当は押しつけられたものであっても、「自分が心からやりたいと思っていることである」と錯覚してしまうからです。

そのため、若いうちは「押しつけられたやりたいこと」を一生懸命に追い求めるものの、ある程度目標を達成したときに、あるいはふと人生を振り返ったときに、「自分がやりたかったことは、本当にこれなのか」「自分の人生は、本当に正しかったのか」といった疑問が、心の中にむくむくと湧き上がってしまいます。

前にも書きましたが、それが「ミッドライフ・クライシス」の原因の一つになっていると、私は思います。

ところで私は、「やりたいことが見つからない」という人の多くは、もしかしたら「他人に押しつけられたやりたいこと」に目くらましをされているのではないか、とも思っています。

よくよく自分の心を覗いてみれば、おそらく誰にでも、多かれ少なかれ、「やりたいこと」は眠っているのではないでしょうか。

たとえば「先頭に立って物事を動かすのは苦手だし、具体的にやりたいことはないけど、二番手、サポート役は好き」「ゼロからアイデアを出すのは苦手だけど、誰かが出したアイデアを地道に実現させていくのは好き」という人。

これだって立派な「やりたいこと」ですし、先頭に立つ人やアイデアを出す人だけでなく、サポートする人、アイデアを実現させる人がいないと、物事は決して形になりません。

ですが、入社試験の面接なんかでは「消極的」「漠然《ばくぜん》としすぎている」と判断されそうで、こういう人はなかなか気持ちを口に出せないのではないでしょうか。

あるいは、「一日中寝ていたい」という人もいれば、「一日中ボーっと海を眺めていたい」「一生ゲームばかりして暮らしたい」という人もいるでしょう。

人には「他人から評価されやすいもの、褒められやすいものに、自分を合わせてしまう」という習性があります。

そのため、今挙げたような「自分が本当にやりたいこと、だけど他人から評価されにくそうなこと」を「やりたいこと」として認めることができません。

だからといって、「押しつけられたやりたいこと」にもいま一つハマりきれず、結果として「やりたいことが見つからない」と思い込んでしまいます。

そんな人も、少なくないのではないかと思います。

しかし、人が本当に幸せになるためには、他人が納得する物語ではなく、自分が納得する物語を生きる必要があります。

そして、自分の正直な気持ちを認めることこそが、その第一歩なのです。

Live without patience

16

# 「本当の生きやすさ」は、競争や実力とは関係ないところにある

少し感じの悪い言い方になってしまいますが、私自身は今まで、競争社会の中でそこそこ生きのびてきたほうだと思います。

二浪はしましたが、医学部受験もなんとかパスでき、競合の多い地域でクリニックを開業した割には、なんとか潰れずにやってこられています。

特に20代前半くらいまでは、競争に勝って得られたものによって自己愛を保持していた部分がありましたし、「褒められたい」「認められたい」という気持ちが、自分が何かをするときの大きなモチベーションになっていました。

人間には、もともと闘争本能や承認欲求が備わっています。

ですから、競争させられたり他人から評価されたりすると、たいていの人は「燃える」し、やる気が刺激され、さまざまな技能の習得が早まったりもします。

もちろん、中には競争が苦手な人もいますが、そういう人でも、自分のやったことや才能が評価されればやはり嬉しいですし、トランプで遊んだり対戦ゲームをやったりするときには、それなりに楽しんだり夢中になったりするのではないでしょうか。

このように、競争には「良い」面もありますが、一方で、競争が人にもたらすデメリットもたくさんあります。

私たちは生まれたときから、常に競争にさらされ、他者から評価されています。家庭では、兄弟と出来の良さを比べられ、学校では、同級生と勉強やスポーツの成績を競い合い、少しでもいい学校や会社に入るため、試験でほかの受験生と競い合い、会社に入れば出世競争や上司からの評価が待っています。

特に最近は、「実力主義」を謳《うた》う企業も少なくありません。実力主義と聞くと、一見平等な気もしますが、それは「たえず競争し続けなければならない」ということでもあります。

常に競争と評価にさらされているうちに、人の心の中には自然と「競争に勝たなければダメ」「トップでなければ価値がない」といった価値観が植えつけられます。

競争に勝ち、高い評価が得られたときには、自尊心や承認欲求、名誉欲が満たされますが、世の中には必ず「上には上がいる」し、心身の状態だって、いいときばかりとは限りません。

どんな超一流選手でも、永遠に勝ち続けることはできませんし、どれほど強く見える人でも、人生のどこかで必ず「弱者」になります。

そして、競争に負け、評価が下がると、「自分はダメな人間だ」「自分には価値がない」などと思うようになります。

実際には、**競争に負けようが他人からの評価が低かろうが、その人が存在することそのものの価値とはまったく関係がありません**が、つい混同してしまうのです。

こうした話をすると、「他人は好き勝手言うものだ」「他人の評価なんか気にせず、自分の評価は自分で下せばいい」と思う人がいるかもしれませんが、自分自身に対する評価の基準が高すぎたら、やはり同じことです。

特に、周りの大人たちから「出来のいい」兄弟と比べられたり、不当に低く評価されたりしてきた人、あるいは常に完璧であること、優秀であることを求められてきた人は、ありのままの自分、頑張っていない自分を肯定することができず、ギリギリまで自分を追いつめてしまうことが非常に多いといえます。

前述したとおり、自己肯定感というのは、「完璧でなくても優秀でなくても競争に負けても、自分はこれでいい」「自分は自分であって大丈夫」という感覚のことです。

自己肯定感が持てない人は、とても優しかったり、頑張り屋だったり、賢かったり、仕事ができたり、優れたところがたくさんあるにもかかわらず、周りからの評価も高いのに、「自分なんて」が口癖だったりします。

ほかの人からすると「もう十分じゃない？」「それ以上、何を求めるの？」と思ってしまいますが、本人は至って真面目。

そして、自分で自分のことを「ＯＫ」と思うことができない分、「優秀である」「成績がよい」といった評価を得て、他人から「ＯＫ」と言ってもらうことで、「自分に価値がある」ことを証明しようとするため、勉強や仕事にものすごくのめり込みやすいのです。

それこそ、狂乱的なまでの努力をします。

ところが、そんな人は、どれほどいい学校や会社に入り、重要なポストに抜擢され、成果を上げても、「嬉しい」「認められた」と喜ぶより、「なんとかノルマを達成できてほっとした」と思ってしまいます。

喜びよりも、安心。

それも、束の間の安心にすぎず、すぐに「次はうまくやれるだろうか」「もっと優秀な人が現れて、自分の存在価値がなくなるんじゃないだろうか」といった不安にさいなまれます。

競争の世界の中で、評価のプレッシャーに常にさらされている間は、いつまでたっても「これでいいや」と思えないのです。

ちなみに、お金や名誉、肩書き、家や車などの所有物のように、他人との比較によって満足感が得られるものを「地位財」、自由や健康、愛情など、他人と比べなくても満足感が得られるものを「非地位財」といいます。

このうち、競争によって手に入れられるのは地位財だけであり、非地位財は、競争や評価とは無縁のところで得ることができるものです。

そして、「豪邸を建てた」「高級車を買った」といった地位財による幸福感は、非地位財による幸福感と比べて長続きしないことが明らかになっています。

地位財と非地位財は車の両輪みたいなもので、地位財によって手に入る短期的な幸せも、もちろん否定はしません。

ただ、人を長期にわたって本当に幸せにしてくれるのは、非地位財によって手に入る満足感です。

私は、「競争の世界との関わりを一度見直し、自分にとって適切な距離で関わること」は、幸せに生きるための、かなり重要な要件だと思っています。

競争をどれだけ楽しめるかは人によります。

「たとえ負け続けても、勝負ごとが楽しくて仕方がない」という人は、好きなだけ関わればいいでしょう。

しかし、あなたがそういうタイプでないならば、ときには競争を楽しんだり、他人からの評価に喜んだり悲しんだりすることはあっても、それらはあくまでも「人生のスパイス」程度だと考え、自分自身の価値を判断する基準にしないほうが賢明です。

そのうえで、競争や評価とは無縁な人または世界とのつながりを大事にすること。

さらに、自分の中の「欠損している部分」をそのまま受け入れ、愛してくれる人と出会えたら最高です。

「欠損している部分」というのは、「ポンコツな部分」「いびつな部分」のことであり、「美しさ」や「優秀さ」なんかと違って、他人との競争の対象になりにくい部分でもあります。

競争の世界から適度に距離を置き、自分の中のポンコツさ、いびつさを面白がり、愛してくれる人と出会い、自分でも、自分の中のポンコツさ、いびつさを認めることができるようになったとき、人はようやく「完璧でなくても優秀でなくても競争に負けても、自分はこれでいい」「自分は自分であって大丈夫」という感覚を持つことができ、自分の物語を生きることができるようになります。

なお、私自身もある時期から、競争的な世界観がすっかり嫌になってしまいました。

一度勝っても、競争は終わることなく永遠に続き、きりがないとわかったからです。

勝ち続けなければ維持できない価値や居場所は、とても高コストで疲れてしまいます。

今は、医師としても、いわゆる「王道キャリア」からは相当かけ離れたところをコロコロしていますが、そのことであまり困っていませんし、昔よりもだいぶ生きやすくなっているなあとしみじみ感じます。

これは友人が教えてくれたことなのですが、ニュージーランドやオーストラリアでの山登りのコースには、メインルートに山頂が含まれていません。

山頂を目指す道は、あくまでも「寄り道」という扱いだそうです。

頂点を目指すのは前提ではなく、「寄り道」の一つにすぎないという考え方は、なんとも優雅で、本質を突いているように思います。

Live without patience

# 17

# 頼まれごとはいったん持ち帰ろう。他人に消費されてしまう

**あなたの人生の時間を奪う「他人のルール」のうち、もっともありふれていてもっとも厄介なのが、「他人からの頼まれごと」や「気の進まない誘い」です。**

この本を読んでいるみなさんも、他人からよくものを頼まれたり、集まりに誘われたりしているのではないでしょうか。

もちろん、それがあなたにとって本当にやりたいことや参加したい集まりであり、あなたのエネルギーや時間に余裕があるなら、まったく問題はないのですが、「喜んで引き受けたい」と思える頼まれごと、「喜んで参加したい」と思える集まりというのは、おそらくごく一部ではないかと思います。

実際には、「内容的に、できれば引き受けたくない」「あまり興味をひかれない」「自分の仕事ややらなければならないことで、すでにスケジュールがパンパンで余裕がない」というケースのほうが多いはずです。

ところが、そんな状況であっても、NOを言えずに、気の進まない頼まれごとや誘いを受けてしまう人は少なくありません。

一度や二度ならいいのですが、回数が重なれば、本来自分のために使うべき時間やエネルギーが、どんどん他人によって消費され、メンタルまで削られていきます。

では、人はなぜ、気の進まない頼みごとや誘いを受けてしまうのでしょうか。

その背景には、次のような思いがあります。


「相手への義理があって断れない」

「一度断ると、人間関係や仕事に影響が出そう」

「相手から『つまらない人』『ケチな人』と判断されそうで怖い」


あるいは、頼まれごとをされたり集まりに誘われたりすると、自分の能力や存在が認められたような気持ちになり、応えたくなってしまうという人もいるかもしれません。

これらはすべて、自他の境界線や自己肯定感と深く関係しています。
「相手への義理があって断れない」「一度断ると、人間関係や仕事に影響が出そう」と思ってしまうのは、相手への義理や相手との力関係によって、自分と相手との境界線があやふやになり、自分の領域が侵害されているためです。

そして、「相手から『つまらない人』『ケチな人』と判断されそうで怖い」「自分の能力や存在が認められたような気持ちになる」というのは、「頼まれごとを引き受けなくても、誘いに応じなくても、自分は自分であり、そのままで大丈夫」といったような「自分に対するＯＫ」が出せていないためです。

実際、自分を肯定できずにいる人は、望まない頼みごとや誘いを受けてしまう傾向が強いといえます。

他人をケアすることは、自分で自分にＯＫを出せない人にとっては、命綱のようなものなのです。

ただ、それによって、一時的には「人の役に立てた」「存在価値が認められた」と満足するものの、やはり無理があるため、恨みがましい気持ちが少しずつ蓄積し、自分のことも周りの人のことも少しづつ嫌いになっていきます。

自分よりも他人のニーズを優先し続けることにより、さらなる自己嫌悪に陥るという負のスパイラルにハマってしまうことが少なくありません。

では、気の進まない頼まれごとや誘いには、どう対処すればいいのでしょう。

「お断り」の仕方については55ページの表などでも触れましたが、断るのが苦手な人のために、ここであらためて、具体的な方法をお伝えしましょう。

まず、断るのが苦手な人は、頼まれごとや誘いを反射的に受けてしまいがちです。あるいは、特定の人からの頼みごとや誘いだけは、反射的に受けてしまうという人もいるかもしれません。

もしあなたが一度、自分の言動を振り返ってみて、「いつも頼まれごとを反射的に引き受けているな」「あの人の誘いには反射的に応じてしまっているな」と思ったら、次からは「ちょっと考えます」「ちょっと予定を確認します」と答え、タイムラグを作ることを習慣化させましょう。

タイムラグを作るのは、その頼みごとや誘いを受けるかどうかを検討し、断る場合に、できるだけ相手に不快感を与えない言い訳などを考えるためです。

ポイントは余計なことを考えず、いったん自分の「快・不快」の感情に目を向けることです。

頼まれたことをやっている自分、誘いに応じた自分をイメージしたとき、自分は楽しそうにしているのか、そうではないのか。

もし楽しそうでないとしたら、その頼まれごとや誘いは、基本的には断ったほうがいいのです。

しかし、いきなり片っ端から全部断るのはさすがに難しいかもしれませんので、断りやすいものから断るトレーニングをしてみましょう。

最初のうちは10回に1回、20回に1回程度でも十分です。

その結果、「意外と、断っても平気だった」「自分の自由に使える時間が増えた」「断るようになったら、いつも無理難題を押しつけていた人が離れていった」といった実感が得られたら、あなたの中で、断ることへの抵抗感は少しずつ減っていくはずです。

そしてもう一つ大切なのは、考えたうえで頼みごとや誘いを受けないと決めたら、できるだけ早く断ることです。

時間が経てば経つほど断りにくくなり、断ることへのハードルが上がってしまうからです。

頼まれごとにおいて大事なのは、「頼む―頼まれる」という関係を定常化させないことです。

仕事の場面では仕方のない部分もありますが、二者の間で、一方が常に頼み、もう一方が常に頼まれるという関係は、あまりフェアであるとはいえません。

特に、無茶な頼みごとばかりされる場合は、それが、自分の時間やエネルギーや自由を奪う、一種の暴力であることをしっかりと認識しましょう。

一方で、世の中には「頼みごとをするのが苦手」という人も多くいます。

もしかしたらみなさんの中には、「人に頼まれることはよくあるけれど、人に頼むことがうまくできない」という人もいるかもしれません。

その背景には、「どうやって頼んだらいいかわからない」「頼みごとをした後のさまざまなフォローが面倒くさい」といった技術的な理由や、「自分でやったほうが早い」「頼みごとをして、相手の迷惑や負担になったら申し訳ない」といった思いがあるのではないでしょうか。

たしかに、関係を壊さずに、適正なバランスで人に何かを頼むのは非常に難しく、繊細な技術が必要です。

また、「頼みごとをして、相手の迷惑や負担になったら申し訳ない」というのは、頼みごとをするのが苦手な人の多くが抱いている気持ちではないでしょうか。

これも、実は自己肯定感と密接に関わっています。

「頼みごとをして、相手の迷惑や負担になったら申し訳ない」と思ってしまうのは、結局、「相手にとって自分が頼ることは迷惑なことだ」、つまり「自分には人に頼ったり、人に助けてもらったりする価値がない」という考えがベースにあるためです。

でも、それを決めるのは、あくまでも相手であり、「自分が頼みごとをするのは迷惑ではないだろうか」と勝手に考えるのは、ラインオーバーなのです。

なるべく誰にも貸し借りの関係をつくらずに安定した生活を得たいと思っている人も多いでしょう。

ただ、お互いにとって無理のない、心地良いレベルの貸し借りがあるくらいのほうが、まさかのときに助けを求めやすいものです。

ある程度、頼り慣れ、頼られ慣れていて、かつ、お互いに不公平感がないとしたら、それはより豊かな人間関係だといえるのではないかと、私は思います。

窮地に立ったとき、「この人の力を借りたい」「この人には身を寄せても大丈夫だ」と心から思い、信頼し合える関係を誰かと作ることができれば、あなたの心はより安定し、より幸せな人生を送れるようになります。

Live without
patience

# 18

# 「だから私は
# ダメなんだ」病を
# 治療して、
# 自分の物語を歩く

あなたが自分のルールに基づいて自分の物語を生きるのを阻むもの、あなたの人生の時間を奪うものは、世の中にも、あなた自身の中にもたくさんあります。

ここではそのうちの一つ、「だから私はダメなんだ」病（ＤＷＤ病）について話そうと思います。

**「人生」という物語には、「出来事」の部分と「解釈」の部分があります。**

「好きな人と結ばれた」「目標としていた学校に入れた」「希望していた仕事に就いた」「仕事で大きな成果を出した」というのは、いずれも出来事にあたりますが、これらの出来事は、解釈次第で価値が大きく変わります。

たとえば、あなたが「慶應大学に入りたい」と考え、一生懸命努力して、見事合格したとしましょう。

多くの人は、これを「努力が報われた、幸せな出来事」と解釈し、人生の物語におけるる成功体験、輝かしいエピソードとして位置づけると思います。

ところが、世の中には、このような出来事さえ、「たまたま慶應大学にもぐりこめて、一時的には嬉しかったけど、そこで出会った友人たちは、自分なんかよりもはるかに優秀な人ばかりで、努力しても追いつけず、劣等感にさいなまれるばかりだった。だから自分はダメなんだ。慶應大学になんて、むしろ入らなければよかった」とネガティブに解釈してしまう人がいます。

血のにじむような努力をし、それが報われても、なかなか自分を認めることができないのです。

その結果、どんなに素晴らしい出来事も、解釈がネガティブであれば価値はゼロになり、努力も無駄になってしまいます。

こうした人は、たとえ入った大学がハーバードだろうがスタンフォードだろうが、同じ解釈をしてしまうのです。

より良い方向を目指して発揮された努力は、それだけで尊く、賞賛に値します。

ただ、それを自分自身で認めることができないのは悲しいことです。

願わくば、その過程の解釈を、できるだけポジティブなものにしてほしいと私は思うのです。

たとえいい結果につながらなかったとしても、「あれだけ頑張ったことが、自分の糧になっている」「あれだけ頑張ったから、今の自分がある」「あれだけ頑張った自分を褒めてあげたい」と思えるなら、その努力には大きな意味があり、決して無駄ではなくなります。

しかし、「自分を認める」ことができないままだと、どれほど努力を重ねても、自分を肯定できないどころか、むしろ「あれだけ頑張ったのに、まだこの程度だなんて、だから自分はダメなんだ」と、自己評価がさらに下がってしまいかねません。

そのようなネガティブな解釈は無駄であり、手放すべきものです。

そして私は、素晴らしいできごとにも努力にも実績にも、解釈のところで必ずネガティブな意味づけをして、

「すべては自分がダメなせいだ」
「だから私はダメなんだ」

という結論に持っていき、自分の人生の物語をひどいものにしてしまう考え方の癖を「だからわたしはダメなんだ」病（ＤＷＤ病）と呼んでいます。

ＤＷＤ病の人は、ありのままの自分を肯定することができません。

「欠点だらけでも、できないことが多くても、存在しているだけで自分には価値がある」と思うことができないため、他の多くの人たちが価値を認めてくれそうな、立派な看板（学校や職業）を追い求めやすいといえます。

でも、努力を重ねて出した成果を認められ、褒められることで上がるのは「私には～ができる」という自己効力感や自己評価であり、それは「何はなくとも、自分は自分であって大丈夫」という自己肯定感とは異なります。

努力の結果、看板を手に入れれば、一時的には満足し、自信を持ち、自己評価も高まるかもしれませんが、そうした看板は、実は自分が本当に求めているものではなく、親など、他人の評価を満たすものであるため、自分自身は満たされません。

また、看板はあくまでも看板にすぎず、その人自身の存在としての価値とはまったく関係がないため、褒められても、「嬉しいけど、何かが違う」という思いがつきまとい、時間が経てば経つほど、それは膨れ上がっていきます。

しかも、多くの人たちが価値を認めてくれそうな看板は、当然のことながら人気が高く、そこには必ず競争がつきまとい、「人との比較」が発生します。

世界は広く、必ず「上には上がいる」ので、競争や人との比較を続けている限り、心の底から満足することはできません。

そのため、いくら努力して立派な看板を手に入れても、競争に負けたりうまくいかないことがあったりすると、すぐに「だから私はダメなんだ」と思ってしまうのです。

これがDWD病のメカニズムです。

「エリート」と呼ばれ、地位や年収、世間からの評価、プライドは高いものの、自己肯定感を持てず、自分の物語を生きられず、DWD病を抱えている人もたくさんいます。

彼らが一生懸命ミッションをクリアすればするほど、世間からの評価だけが「身の丈」を飛び越え、空虚な風船のように膨れ上がっていきます。

ですが、その風船は、針の穴ほどの小さな少しのつまづきではじけ、「自分はダメなんだ」と悩み、落ち込んでしまいやすいのです。

本当は欲しくないもの、あなたを本当に満たしてくれないもの、幸せにしてくれないもののために、人生の貴重な時間を費やしたり、一喜一憂したりするのを防ぐためには、このDWD病を治療する必要があります。

ほかの多くの病気同様、DWD病治療の第一歩は、病気を認識することから始まります。

DWD病は脳の奥深くに潜み、勝手に発動するので気づきにくいのですが、失敗したときやうまくいかないことがあったとき、自分の思考を注意深く観察してみましょう。

「だから私はダメなんだ」「やっぱり私には価値がない」といった考えが浮かぶようなら、あなたはＤＷＤ病の可能性があります。

自分では「失敗だ」「うまくいかなかった」と思っていることについて、信頼している相手に話してみるのもいいでしょう。

もしかしたら、話しているうちに、自分が「だから私はダメなんだ」という考えに侵されていることがわかるかもしれないし、話した相手から「それ、別に失敗じゃないよね？」と指摘してもらえたり、「いい経験をしたね」と思いもよらない解釈をしてもらえたりするかもしれません。

仮に具体的な気づきや指摘がなくても、「他の人に自分の『失敗』や自分の欠点について話し、受け入れてもらう」ことができれば、それだけで人は救われますし、少しずつ自分を肯定できるようになります。

私のクリニックには、オープン当初から事務部門を担当してくれている、Kちゃんという女性がいます。

彼女は努力家で、偏差値の高い学部を出ているのに、なかなか自分を肯定できずにいました。

そして、非常に優秀で事務遂行《すいこう》能力も高いのに、「いい感じにポンコツ」で、1～2か月くらいに1回のペースで、なかなか刺激なポカをしてくれます。

たとえば、クリニックのオープン当初にKちゃんが作ってくれた、あらゆる書類作成のベースとするためのマスターデータの電話番号や口座番号が違っていて、不備書類が量産されたことがありました。

Kちゃん自身はもちろん恐縮しまくり、謝りまくっていましたが、誰も彼女を責めず「またKちゃんらしいやつ、出たねー」と笑っていました。

ミスやポカを隠さずオープンにし、お互いにそれを責めたりせず、むしろ慈しむ。

そんなコミュニケーションを繰り返していった結果、いくら努力しても自分に自信を持てずにいたKちゃんも、最近は「以前より生きるのが楽になった」と感じてくれているようです。

DWD病を克服するために必要なのは、自分の欠点や弱さを否定するための努力ではありません。

ときには、信頼し安心できる他人の力を借りながら、自分の「ダメなところ」を少しずつ受け入れていくことです。

「だから私はダメなんだ」と落ち込んだり、世間からの評価に一喜一憂したりする時間が減り、「ダメなところも、自分の愛すべき一部だ」と感じ、そんな自分をありのまま認めてくれる人たちとすごす時間が増えれば、どんな失敗も面白がることができますし、つらくて大変な出来事も、ポジティブに解釈できるようになります。

それこそが、世界に二つとない、あなただけの物語を生きることなのだと、私は思うのです。

我慢せず生きるために

# Contents 4

Live without patience

# 誰にも振り回されず、自己肯定感を保つには

Live without patience

# 19

# 「何はなくとも、自分は自分であって大丈夫」と思えるか

今まで何度か触れてきましたが、ここで、「自分を肯定すること」「自己肯定感」について、あらためて詳しく説明しておきます。

他人の価値観やルールにNOを言い、自分のルールに基づいて自分の物語を生きるうえで、非常に重要なものの一つが、自己肯定感だからです。

**自己肯定感とは「何はなくとも、自分は自分であって大丈夫」という感覚のことです。**

たとえ欠損や欠点だらけでも、誇れるものがなくても、そんな自分自身を丸ごと受け入れ、愛することができる。

それが自己肯定感です。

ですが、自己肯定感を持てずにいる人に、この感覚を伝え、きちんと理解してもらうのは、なかなか難しいことです。

特に、自己肯定感は自己評価と混同されがちであり、「自己肯定感を持つこと」

＝「自己評価が上がること」と思っている人は少なくありません。

自己評価とは、自分の能力、仕事の成果や努力、容姿などに対し、外部から取り込んだ一定の価値基準（物差し）をもとに、自分自身が下す評価（ジャッジ）のことです。

たとえば「私は優れた人間である」「私は美しい」「～を成し遂《と》げた私の人生には価値がある」、あるいは「私は劣った人間である」「私は醜い」「何も成し遂げなかった私の人生には価値がない」などは、いずれも自己評価にあたります。

ちなみに、「何事にも100点満点を取らないと許されない」など、厳しく評価される環境で育った人は、自己評価の基準も厳しくなりがちです。

その結果、どれほど努力しいい結果を出しても、他人からどれほど高く評価されても、「自分はまだまだだ」と思ってしまうため、どうしても自己評価が低くなります。

厳しい評価を下すのが他人であれば、その人と距離を置き、その人の言葉が耳に入らないようにすることもできますが、評価を下すのが自分自身だと、そういうわけにもいかず、なおさら厄介です。

そして、自己評価が低いと、「自分なんてダメだ」「何をやっても無駄だ」といった気持ちになりやすく、当然のことながら、自己肯定感も持ちづらくなります。

しかし、自己評価が高いからといって、自己肯定感が得られるわけでもありません。

自己評価が高い人は、自分の仕事の成果や努力、容姿などについてはそれなりのものであるという自負はあるものの、評価から切り離されたときの自分を認めてあげることができないし、基準を満たしている間しか、「自分はＯＫだ」と思うことができないからです。

つまり、評価が高かろうと低かろうと、評価するのが他人であろうと自分であろうと、他人の価値観やルールで生き、「評価」というものに縛られ振り回されているかぎり、人はなかなか、自己肯定感を得ることができません。

自己肯定感を持てないと、他人の評価によって自分にOKを出そうとするため、ますます他人の価値観やルールに縛られるという悪循環に陥ってしまいます。

逆に、他人の価値観やルールにNOを言い、自分のルールで生きるようになると、「評価」に振り回されにくくなります。

それが、自分を肯定できるということです。

自己肯定感があると、自分で自分を責めなくなり、失敗しても「まあ、いいや」「何とかなるだろう」と思えるようになります。

自分の存在と自分の行いを、切り分けて考えられるようになるのです。

ですから、焦りや不安がなくなり、心に余裕と自信が生まれ、ますます、自分にとって良くないものや合わないもの、不快なものにNOを言いやすくなるという好循環が生まれます。

「自己を肯定する」「自己肯定感を得る」というのは、軽々しく口に出せるほど簡単なことではありません。

それでも、自分に対してYESを言い、受け入れていくことは決して不可能ではないと、私は信じています。

そのような素晴らしい変化を遂げた人たちを、実際にこの目で見てきたからです。

ただ、そのためにはどうしても欠かせないものがあります。

それは、「自分を一方的にジャッジせず、自分の欠損や欠点を認めてくれる、信頼できる他人の存在」です。

人は、自分一人の力では、なかなか自分を肯定することができませんし、信頼できる他人との間で「NOを言っても大丈夫」という体験を積み重ねないと、なかなかNOを言う勇気を持つこともできません。

・一人でも二人でも、自分を欠点ごと受け入れてくれる、信頼できる他人がいること（他人への信頼）。

・そのような他人が存在する「世界」そのものを信頼し、世界とのつながりを感じ、「世界は決して怖くない」「自分は世界とつながっており、一人ではない」と思えること（世界への信頼）。

・そのような他人と世界の存在をよりどころにし、「自分は自分であって大丈夫」という、自分自身への信頼感を抱くこと（自分への信頼）。

その三つが、必要不可欠なのです。

本来望ましいのは、親や家族が、最初の「信頼できる他人」になることです。

親が子どもをむやみやたらにジャッジしたり、子どもに一方的にルールを押しつけたりせず、欠損や欠点も丸ごと受け入れ、愛し、「あなたはあなたのままで大丈夫」と伝えることで、子どもの中に、自分自身に対する信頼、「親」という他人に対する信頼、世界に対する信頼が生まれ、自己肯定感が育まれていきます。

しかし、実際には、その役目を果たせていない親がたくさんいるのも事実です。

それどころか、子どもを厳しくジャッジし、ありのままの姿を認めず、自己肯定感が育まれにくい状況を作ってしまう親も少なくありません。

親との間に信頼関係を築くことができず、自分自身に対する信頼感を持つことができなかった子どもは、自力で、信頼できる一人めの大人を探すしかないのです。

そのための方法や心構えについては、次項で詳しくお伝えしているので、ぜひ参考にしてもらえればと思います。

Live without patience

20

# 「本当に信頼できる一人めの大人」を探してほしい

あなたが、自分の時間やエネルギーを奪い、必要以上に我慢を強い、生きづらさを感じさせている「他人のルール」にNOを言えるようになること。

自分自身を喜ばせる時間やエネルギーを増やし、自分のルールに基づいて自分の物語を生きられるようになり、本当の意味で心が満たされ、幸せになること。

それが、この本を通して、私が伝えたいこと、願っていることです。

そしてここからは、あなたの人生のハピネスを上げるためのポイントについて話していこうと思います。


まず、社会や周囲に対してNOを伝えるのは、とても難しいことです。

誰だって、NOと言ったり、断ったり、自分から相手と距離を取ったりすることは怖いはずです。


この人に嫌われたらどうしよう。

今後、もしかしたら二度と、こんな友だち、もしくはパートナーには出会えないのではないだろうか。

自分の意思を示すことで、出世できなくなったり、仕事がなくなったりしたらどうしよう。

今後、社会から孤立して、生活に困ることになるのではないだろうか。

よほど肝の据わった人でない限り、いざ自分の思っていることを口にするときには、どうしてもそんな思いが頭をよぎると思います。

そして、NOを言う勇気を出す代わりに、自分にとって不本意なことをYESと言って受け入れてしまいます。

それは、短期的にはラクそうですが、不本意なYESを積み重ねていくうちに、あなたの人生はどんどん不自由なものになっていきます。

人生は何事も経験です。

勉強だってスポーツだって仕事だって、最初は誰でも初心者ですが、経験を重ねていくうちに（向き不向きはあっても）少しずつ慣れていくものです。

NOを言うことも、何度かチャレンジしてみれば「なんだ、意外と平気だな」

「NOを言ったからといって、人や社会とのつながりが完全に断たれるわけじゃない」と、きっと思えるはずですし、いずれ「NOを言うことで離れていく人や仕事なんて、そもそも自分には必要がない」とさえ思えるようになるかもしれません。

でも、そのためには、**「NOを言い、それを受け入れてもらえる」という「最初の一歩」が必要であり、最初の一歩を踏み出すためには、信頼できる人との出会いが必要**だったりします。

一生懸命勇気をふりしぼってNOを言っても、自分にとって不本意な結末に終わってしまったら、その人はおそらく、それまで以上に、NOを言うことが怖くなってしまうはずです。

できれば最初のうちは、「この人ならNOを言っても、おそらくわかってくれる」と思える人を相手に、経験を重ねたいところです。

前述したように、本来ならば、子どもの自己肯定感を育み、NOを言う経験を積ませるのは、親や家族が担うべき役割なのかもしれません。

実際、親子関係が良好で、子どもの頃に「NOを言っても許してもらえる」という経験をしている人は、NOを言うことへの抵抗感が少ない傾向があります。「NOを言っても、相手（親）との信頼関係は揺るがない」「NOを言っても、親は自分を愛してくれる」という自信や安心、自己肯定感が得られるからです。

ところが、子どもの頃にNOを言うことが許されない環境で育つと、NOを言うことを許してもらえていた人の何倍も、NOを言うことが怖くなります。

NOを言う経験を積み重ねることができず、「他人との絶対的な信頼関係」が存在することを信じることもできず、世界に対し恐怖心や不安感を抱いてしまうからです。

そういう人が、NOを言える人になるためには、「本当に信頼できる一人めの大人」に出会い、良い関係をつくり、「自分はNOを言ってもよい人間である」「NOを言っても壊れない人間関係がある」ことを知り、そこを入口にして、世界とのつながりを実感するしかありません。

トランプの「大富豪」などと同じで、残念ながら、最初に引いてしまった「親子関係」というカードの影響は大きいものですが、大人になってから、人生が引っくり返るような出会いを引き当てる可能性は十分にあります。

このように書くと、必ず「でも、私には、そんな人はいません」という人がいます。

それに対し、私には、返す言葉がありません。

「本当に信頼できる一人めの大人」に出会えるかどうかは、運でしかなく、「誰でも必ず出会える」とは言えないと、これまでの医師としての経験、治療の中で実感しているからです。

ただ、確実に出会えるかどうかはわかりませんが、行動を起こすかどうか、チャレンジを続けるかどうかで、可能性は大きく変わるとも思っています。

私が知る限り、「本当に信頼できる一人めの大人」に出会えている人は、自分の世界を変えるために必死で動いていましたし、チャレンジをやめていませんでした。

いきなりベストな相手に出会える可能性は低いかもしれません。

でも、「誰も信じられない」という絶望を抱え、ときには傷つきながらも、決して腐らず、出会った人たちのうち、誰なら「マシ」で、誰を「信頼してはいけない」のかを考え続けてほしいのです。

そして、「この人なら、もしかしたら信頼を寄せてもいいのかもしれない」と思う人に出会ったら、そう思った理由が何なのかを考え、「この人とは、なぜ合うのか」「この人とは、なぜ合わないのか」を、感覚だけではなく、きちんと言語化して考えてみてください。

そういう失敗とトライを積み重ねていくうちに、心の中に少しずつ、「人を見抜く知性」が育まれていくのではないかと思います。


ちなみに、私の昔の同僚の女性が、以前こんなことを言っていました。

「今までつきあってきた相手は、顔はいいけど性格がダメな人ばかりだったんです。そのため『イケメンはモテるし性格が悪い』『イケメンじゃない人は、きっといい人だろう』と思うようになり、あるときイケメンじゃない人とつきあったんですが、そいつもダメで、本当にえらい目にあいました」

その人はかつて、「イケメン=悪人説」という、わりとポンコツな仮説を持っていましたが、それからいろいろと経験や失敗を重ねる中で、自分の仮説を進化させ、今は結構幸せに生きています。

どんなにポンコツな仮説でもいいから、とにかく言語化して考えることはとても大事です。

言語化すれば仮説を立てることができ、仮説を立てれば検証することができます。

そして、仮説と検証ができれば、自分の中に「法則」ができていきます。

そうやって、心のセンサーを研ぎ澄ませ、自分にとって心地の良い人はどういう人なのか、逆に、近づいてはいけない人はどういう人なのかを少しずつ学んでいった先に、もしかしたら、「本当に信頼できる一人めの大人」との出会いが待っているかもしれません。

なお、「具体的な誰か」（人間）を入口にすることなしに、世界とのつながりを感じる人もいます。

たとえば、ある女性の患者さんは、たまたま旅行で出雲大社に行き、そのあまりの荘厳さに心をうたれたそうです。

それまで彼女は、やはりなかなか「本当に信頼できる一人めの大人」に出会うことができず、深い孤独を抱え、自己肯定感を得られずにいましたが、出雲大社で、ふと「自分は、太古の昔から連綿と続く共同体の一員であり、自分は世界の一部であり、世界は自分を受け入れてくれている」と感じ、スッと気持ちがラクになったといいます。

ほかにも、人間は苦手だけど、植物や動物が大好きで、そこを入口に世界とのつながりを実感する人もいれば、小説や漫画のキャラクターを通して、世界とのつながりを実感する人もいます。

「リア充であること」「友だちがたくさんいること」がいいことだとされがちな現代社会ですが、それも誰かが作った勝手な価値観、ルールにすぎませんし、一人を恥ずかしがったり恐れたりする必要はまったくありません。

たとえ人間の友だちがいなくても、本当に信頼できる人間に出会うことができなくても、「世界とのつながりを感じられる何か」を足がかりに「自分は自分であって大丈夫」という感覚が得られ、自分にとって良くないもの、合わないもの、不快なものにNOを言える勇気や気持ちの余裕を持つことができたら、それで十分だと私は思います。

Live without patience

21

# 問題や悩みを紙に書きだすだけでも自己肯定感は保てる

自己肯定感に関連して、もう一つ伝えておきたい、大事なことがあります。

それは、**自分に対し、頭の中だけで、「なぜ」という問いかけを行ってはいけない**、ということです。


夜、布団の中で、ふと過去の失敗などを思い出して、「なぜ私はあんなことができなかったのか」「なぜ私はこんなにダメなのか」と考え始め、眠れなくなってしまった。

あなたには、そんな経験はありませんか？


しかし、自分に対していくら「なぜ」と問いかけても、前向きで建設的な答えが出てくることは、稀です。

結局は「自分がダメだからだ」「あんな家庭で育ったからだ」といった答えが導き出され、それを自分自身で疑うことができません。

さらに、その答えは脳内で反芻《はんすう》され強化され、あなたの自己評価は下がっていきます。

それでは、自分を信頼することからどんどん遠ざかってしまいます。

ただ、一方で、やり方さえ間違えなければ、自分自身を省みることは、自己肯定感を得たり、NOを言える力をつけたりするうえで、非常に有効でもあります。

自分をできるだけ客観的に省みることで、自他の境界線や自分が守るべき領域、自分が本当に求めているものなどがわかってくるからです。

では、どのようなやり方で自分を省みればいいのでしょうか。

そこで役に立つのが、「思考の外在化」です。

外在化とは、自分が抱えている問題や悩みを、いったん自分の外に取り出すことであり、具体的な方法としては「紙に書きだすこと」が挙げられます。

たとえば、あなたが上司から指示された仕事を達成できず、叱られて、ひどく落ち込んだとしましょう。

あなたが自責的な人であれば、頭の中でついつい「そういえば前にも同じようなことがあった」「自分に能力がないから同じ問題を繰り返すのだ」などと考えてしまい、最終的には「こんな自分に価値があるのだろうか」「職場に居場所がなくなるのではないか」といった具合に、思考が負の感情に覆いつくされてしまうかもしれません。

ところが、「文字にする」「文章化する」という作業が入ると、問題が、思考と感情が入り混じった脳の中からいったん外部に取り出され、客観的にとらえることができるようになります。

「いつ、どのような指示を受け、どのように作業を進めたか」などを整理しながら書いているうちに、ただ「自分に能力がないから」などと嘆くのではなく、「どこに問題があったのか」「次回からどうすればいいのか」を具体的に考えられるようになるのです。

また、悩みや問題を文字にすると、それを信頼できる第三者に見せ、アドバイスをあおぐこともできます。

この例であれば、もしかしたら第三者によって、あなたの能力や作業の進め方ではなく、上司の指示の出し方に問題があったことが明らかになるかもしれません。

「思考の外在化」は、ほかにもさまざまなシーンで役に立ちます。

たとえば、「誰かの言動に対し、何かもやもやする気持ちを抱いた」というときは「どのような出来事があり、どう感じたのか」を紙に書いてみましょう。

言語化することで、もやもやの理由や正体が明確になれば、わけのわからない不快感を抱えたままの状態よりも、ずっとすっきりするはずです。

ストレスがたまったときは、他人に聞いてもらうのもいいでしょう。

よく「日本人は我慢強い」と言われますが、その分、愚痴《ぐち》を言うのが苦手な人も多く、ストレスをため込んだ末に、たとえば仕事から帰って疲れているパートナーに愚痴を言い、うっとおしがられてしまったりします。

そのため、ストレスとうまくつきあうためにも、できれば気軽に愚痴を言いあえる友だちを見つけることをおすすめします。

もしそのような友だちを見つけるのが難しければ、カウンセラーなどに相談するのも一つの方法です。

行きつけのバーのマスターや、スナックのママがそういう相手だという人もいるかもしれません。

対面が苦手という人のために、「ｃｏｔｒｅｅ（コトリー）」など、優良でコストパフォーマンスの良いオンラインカウンセリングのサービスも出てきています。

マイクロソフト社の創始者ビル・ゲイツ氏や、グーグル社の元ＣＥＯであるエリック・シュミット氏など、世界的な企業の経営者はみな、相談相手としてのコーチをつけ、そこに多くの費用を支払っています。

世間で「有能」とされている人ですら、苦悩や課題を吐露《とろ》し、相談できる第三者を必要としているのです。

日本人は、もう少し自分のネガティブな感情や問題を誰かとシェアし、心の健康を維持することにお金を使ってもいいのではないかと、私は思っています。

なお、私は、心身のバランスを崩して休職中の患者さんなどには、「自分の身体的ニーズ」を書きだすことをおすすめしています。

身体的ニーズとは、「疲れているから休みたい」とか「今、～を食べたい」といったことです。

心身のバランスを崩してしまった患者さんの中には、食べる暇や寝る暇も惜しんで仕事をしたり、ひたすら会社や社会のニーズに応えるような生活を送ったりした結果、「自分の身体が本当に望んでいるものは何か」がわからなくなっている人が多くいます。

親の都合ばかりが優先される家庭で育った子どもや、夫や子どもの都合を優先するのが当たり前になっている専業主婦の方も、同様です。

「今日の献立はどうしますか?」「あなたは何が食べたいですか?」と訊かれても、常に親や夫、子どもが食べたいものを優先させてきたため、「自分が食べたいもの」を献立にするという感覚がなかったり、何を食べたいか自分でもわからなくなってしまっているのです。

でも、誰の中にも必ず、「身体的ニーズ」は隠れています。

なぜなら、私たちはみな赤ちゃんの頃、自分のニーズを全身全霊を込めて主張していたはずだからです。

見えにくくなってしまったそれらを見つけ出し、外在化し、満たしていくこと。

他者のニーズにいったんNOを言い、自分の身体的ニーズにYESを言ってあげること。

これらも、自他の間の境界線を作り、自分の領域を守り、我慢しすぎず、自分のルールに基づいて自分の物語を生きるうえで、非常に重要です。

Live without
patience

# 22

# 誰でも完璧にはなれない。ある程度で自分を許す

NOを言える人になることと、自分のルールで生きることと、ただわがままに生きること、自分勝手に生きることとは異なります。

**あくまでも目指すべきは、他人とフェアな関係を作ることです。**

たとえば職場で、厳しすぎるノルマを課されたり、他の人がやるべき仕事を無理矢理押しつけられたりすることが多く、あなたが「アンフェアだ」と感じたら、そのときはきちんとNOを言い、場合によっては職場自体を変えることを考えたほうがいいでしょう。

ですが、給料に見合う範囲で任された、妥当な仕事を、単に「やりたくないから」という理由で断ったら、それはただのわがままになってしまいます。

あるいは、あなたの自己評価を下げ、尊厳を奪うような発言をする人、無茶な要求ばかりしてくる人に対しては、きちんとNOを言い、距離を置き、自分の心や身体を守ったほうがいいでしょう。

ですが、単に「あの人は自分の思い通りにならないから」といった理由で、人間関係をどんどん断っていったら、周りから誰もいなくなってしまいます。

それから、「正義感」にも注意が必要です。

近年、ＳＮＳなどで、しばしば「炎上」案件を目にします。

多くの人がそれぞれの「常識」や「正義」をかかげ、それを根拠に「自分の立場は完全に正しい」と疑うことなく信じ込み、その立ち位置から他人をジャッジし攻撃しているのを見ると、私はいつも「あーあ」という気持ちになります。

相手の事情を１００％把握してもいないのに、なぜその立場が絶対的に正しいと決めつけることができるのだろうかと不思議に思うのです。

正義感というのは、非常に厄介な感情です。

正義感に燃え、「間違っている相手、悪い相手を懲らしめよう」という思いに突き動かされているとき、人は「正義の執行」という快楽に完全に酔っているため、自分の落ち度を疑うことや、相手の事情を慮ることができなくなります。

自分のルールに基づいて生きることとは、「自分は完全に正しい」と盲信し、自分の価値観によって他人を断罪し、他人に自分のルールを押しつけることではありません。

それは完全にラインオーバーであり、結局は自他の境界線も、自分が守るべき領域もわかっていないということになります。

そもそも、正義感にかられて他人を攻撃する人は、自分の実践によって打ち立てられた価値観ではなく、他人のつくった価値観に乗っかって他人をジャッジしていたり、自分が以前に感じたことのある痛みを勝手に感じ取り、勝手に不愉快になって叩いていたりすることがほとんどで、本当の意味で自分の正しさに自信を持っているわけではないことが多いのです。

プラスもマイナスも含めて、本当に自分のことを理解している成熟した人は、自分の欠点や至らない部分をも受け入れられている分、基本的には、他人の欠点や至らない部分にも寛容です。

「自分を含め、人間は決して完璧ではなく、弱い部分やずるい部分もあるし、失敗や間違いを犯すこともある」「人にはそれぞれ事情があり、そこを考慮せずに、一方的にジャッジし攻撃するのはラインオーバーだ」ということを、心で理解できているからです。

しかし、「自分は自分であって大丈夫」という感覚が持てずにいる人は、どうしても他人の領域が気になってしまいます。

その結果、「自分はいろいろなことを我慢して生きているのに、好き勝手しやがって」「うまいことやりやがって」といった気持ちになったり、人々と同じ価値観やルールを共有することで自分を安心させようとしたり、他人の失敗や落ち度、間違いを責めることで自分の「正しさ」を確認し、相対的に自分の価値を高めようとしたりしてしまうのです。

ついでに言うと、いくら「自分にとって快いものだけを取り入れることが大事だ」といっても、耳触りのいいことばかり言う人、何を言っても同調してくれる人ばかりを身のまわりに置き、耳の痛い意見を完全にシャットアウトしてしまうのも、よくはありません。

それはフェアな関係からは遠ざかってしまいます。

本当にあなたと向き合ってくれる人の愛のある批判は、しっかりと見極めたいものです。

他人の忠告やアドバイスを自分の感覚でしっかりと吟味し、向き合わなくていいもの、聞くべきではないものは捨て、向き合うべきもの、聞くべきものについては誠実に耳を傾けるというのも、人が成長するうえで、欠かせないプロセスです。

私は、いくつになろうと、どんな立場にあろうと、人は常に「自分は間違っているのかもしれない」「今の自分には、まだ足りないものがある」という気持ちを、心の中に残しておいたほうがいいと思っています。

これはもちろん、「自分なんて全然ダメだ」という雑な自己否定とは異なります。「100％自分は正しい」と思い込むのも「100％自分は間違っている」と思い込むのも、いずれも極端であり、決して健康な状態ではありません。

また、「もしかしたら、今の自分は間違っているのかもしれない」「今の自分には、まだ足りないものがある」と思うことは、「自分は自分であって大丈夫」という自己肯定感と矛盾するものでもありません。

「自分は完璧ではないし、ダメなところもあるけど、それなりに頑張ってきたことは認めてやろう。でも、改善できる部分はまだまだあるし、これからも改善していけるな」というのが、いい具合の自己肯定のあり方だと、私は思います。

自分が「足りていない」ということを根拠に、自分に対してNOを言う必要はありません。

むしろ、「まだ足りないものがあるな」という感覚が得られていることは、常に目指すべき方向性が与えられているということですから、退屈しないし、実は結構ラクなことなのではないかと思います。

自分のルールで生きることは、大切にしたい人たちと、お互いにラインオーバーをしない心地よい距離感で、自分の都合も相手の都合も大切にし、譲り合い折れ合いながら柔軟につきあうことであり、お互いに自分と相手を守りいたわり合うことです。

一方で、「自分は完全に正しい」「自分は完璧だ」と思い込むことは、自分だけを守ることであり、変化を拒絶することであり、他人と譲り合い折れ合う可能性をなくします。

もしあなたの中に、「正義の感覚」に刺激され、他人を一方的に責めたり、他人に一方的に要求したりする気持ちが生まれてきたとしたら、いったん立ち止まって考えてみましょう。

我慢せず生きるために

…

# Contents 5

Live without patience

# 「心地良くない」「楽しくない」と感じたものは捨てていく

Live without
patience

# 23

# 心地良く過ごすために率先して嫌なことから逃げよう

老若男女問わず、ほとんどの人は「社会人だから」「大人だから」「仕事だから」といった言葉を当たり前のように受け入れ、いろいろなことを我慢しているのではないでしょうか。

社会人だから、趣味や家族との団らん、仲のいい友だちとの交流より、仕事を優先させなければならないし、体調が悪くても出勤しなければならない。

大人だから、苦手な人、嫌いな人ともうまくつきあっていかなければならない。

仕事だから、楽しくない作業でも続けなければならない。

誰もが多かれ少なかれ、そうした思いを抱えながら生きているはずです。

もちろん、それを否定するつもりはありません。

生活するためには働かなければならないし、苦手な上司や部下と一緒に働いたり、苦手な作業をしたりしなければならないときもあるでしょう。

しかし、無理をしすぎると、人間の心身は必ず、「これ以上の稼働は危険だ」という警告を発します。

「朝、どうしても起きられない」「気分が明らかに落ち込む」といった症状が現れるのです。

それに先行して、原因不明の頭痛や胃痛、下痢やめまい、湿疹など、身体に症状が現れることもあります。


そして世の中には、その相手や仕事が「自分に合っていない」ことにすら気づかない人もたくさんいます。


たとえば、家族。

この社会には「親は子を、子は親を愛するのが当たり前」「血がつながっていれば、わかりあえる」といった思い込みが深く浸透しています。

親子だろうと兄弟だろうと、実際には合う相手もいれば合わない相手もいて当たり前なのに、こうした思い込みに目隠しされて、「家族と根本的に合わない」ことになかなか気づけない人は少なくありません。

あるいは、一族が全員教師で、幼い頃から「教師になるのが当たり前」といった環境で育った場合など、本当は教師に向いていなくても、なかなか気づくことができません。

その結果、「教師は自分の天職のはずなのに、なぜこんなに仕事がつらいんだろう」と悩んでしまったりします。

「得意なこと」を仕事にしている場合は、さらに厄介です。

よく混同されがちですが、「得意なこと」と「好きなこと」「合っていること」は違います。

たまたま計算が得意で経理の仕事をしていても、本当は営業や接客など、人を相手にする仕事のほうが好きな人もいます。

「得意だけど、本当はやりたいと思っていないこと」は、結果が出てしまうし褒められてしまうので、その快楽によって目隠しされ、「やりたくない」という自分の本当の気持ちに気づきづらいのです。

ところが、「本当はやりたいと思っていないこと」をやり続けていくと、少しずつ自分の心の中の「何か」が削られていきます。

毎日1％ずつくらいエネルギーが奪われていくような、そんな感じでしょうか。

また、「悪い人ではないし、敵意を持たれているわけでもないのに、なんだかしんどい」と感じる人もいます。

こういう相手からは、明確な理由はわからなくても、少し距離を置いてみるのもありです。

あからさまに嫌な思いをしたり、ショックを受けたりした場合とは異なり、「削られている」自覚がない分、「気がついたら瀕死《ひんし》だった」ということがよくありますし、離れてみて初めて傷つけられていたことがわかったり、嫌な理由が言語化できたりします。

距離を置いてはみたものの、その相手を「やはり必要だ」と思えたなら、また距離を戻していけばいいのです。

この社会で生きていくうえで、合わない相手や合わない仕事に適応するスキルや方法論は、身につけておいて損はありません。

しかし、そもそも「合わないもの」をきちんと見分ける能力を身につけたほうが、長い目で見ればはるかに有益だと私は思います。

では、そうした能力はどうすれば身につくのでしょうか。

まずは、身体が出すシグナルに敏感になることです。

合わないもの、苦手なものを前にすると、身体は実は非常に正直に反応していま す。

しかし、思い込みや作られた感情にどうしても支配されているため、頭（脳）は気づいていないことが多いのです。

身体に備わっている神経系のセンサーはかなり優秀で、その環境から発せられるあらゆるシグナルを感知し、そこが自分にとって安全かどうかを判断しています。

そして、そこが自分にとって「危険な場所」「不快な場所」だと判断した時に、

「なんかしんどい」「吐き気がする」「よくわからないけどお腹が痛い」といった拒否反応が、ちゃんと出るようになっています。

これは、理性や理屈を凌駕《りょうが》した「野生の感覚」といっていいものです。

なお、野生の感覚を磨けば、「合うもの」と「合わないもの」を感覚で判断できるようになります。

その方法について、ある先輩医師が教えてくれた内容を簡単に紹介しましょう。

まず、ふだんの生活の中で、自分なりに「ああ、気持ちがいいなあ」あるいは「気分がいいなあ」と感じる瞬間を探してみましょう。

そして、「気持ちがいい」と感じる瞬間に出会ったら、その感じを味わいながら、

「この気持ちの良さを、さらに良くするにはどうしたらいいだろうか？」

「何があればもっと良くなるだろうか？」

「何がなくなればもっと良くなるだろうか？」

といったことを、あれこれと想像します。

想像なので、実現不可能なことでも、非道徳的なことでも、口に出して言えないようなことでもOKです。

「気持ちがいい」という感覚に浸りながら、そうした空想をひたすら続けてみます。

このとき、「なぜ気持ちが良いのだろう？」「なぜ気持ちが悪いのだろう？」などと考える必要はありません。

言葉で考えようとすると、野生の感覚からはそれてしまうからです。

これが、先輩医師から教わった方法ですが、もっとシンプルに「合わないもの」「苦手なもの」を見分ける方法があります。

それは「体感時間が長いかどうか」です。

好きなことをやっているときとそうでないときとでは、同じ1時間でも、感じ方がまったく違います。

たとえば、会社で、苦手な仕事をいやいややっているときや、つまらない会議に出ているとき、苦手な人と話しているときは、時間が経つのが遅く感じます。しょっちゅう時計を見ては「まだ5分しか経っていない」「まだ10分しか経っていない」と、絶望的な気持ちになるはずです。

しかし、面白い本やゲームに集中していたり、好きな人と楽しく話していたりすると、時計を見る気にもならないし、2時間や3時間、あっという間に経ってしまいます。

体感時間は驚くほど正直に、「自分がその時間を楽しめているかどうか」「心地良く過ごせているかどうか」を教えてくれるのです。

ですから、「時間が経つのが遅く感じるな」と思うような仕事や場所、人は、できるだけ自分から遠ざけたほうがいいと私は思います。

**「嫌なことから逃げる」「不本意なことを拒否する」「合わないことをやめる」。**

これらはすべて、心地良く生きるために習得すべき必須技術です。

最初のうちは、「そんなことをしてはいけないのでは」「相手から嫌われたらどうしよう」といった頭の中の声に邪魔されて、うまくできないかもしれません。

でも、失敗し傷つきながらも努力を続けていけば、少しずつ、自分に合わないものを見極め、逃げたり拒否したりすることができるようになります。

合わない仕事や相手に合わせる努力をするよりも、本当に自分に合う仕事や相手を探しあて、関係を深めるほうが、２０００倍くらい価値があると私は思います。

なお、「これは心地良くない」「この人とは合わない」といった正直な感覚は、自分にとって非常に重要なデータなので、記憶から抹消《まっしょう》するのではなく、別の棚で大事に保存しておきましょう。

Live without patience

# 24

# 「年齢」「性別」といった枠組みに惑わされない

**社会は手を変え品を変え、時代に応じたいろいろな枠組みを作っては、私たちを不自由な檻の中に押し込め、自分の物語を生きられないようにしむけてきます。**

それは集団で生きる人間がもつ本能的な閉鎖性、未知への恐怖によるものかもしれません。

理解可能な枠組みを作ってしまえば安心できますし、その枠組みから外れるものは意味不明なものとして忌避《きひ》できるからです。

「年齢」という枠組みもその一つです。

人は必ず歳をとりますし、年齢を重ねれば、たしかに経験値は高くなります。

しかし、年齢を基準にして、機械的に「若いから未熟である」「年齢を重ねているから成熟している」と決めつけたり、「子どもは子どもらしくするべき」「いい歳なんだから」「いい大人なんだから」と行動を制限したりするのはナンセンスだと、私は思います。

言うまでもなく、成熟度なんて人それぞれです。

若くてもしっかりしている人、経験不足を想像力で補うことができる人もいれば、年齢を重ねていても、経験がまったく成長や成熟につながっていない人もいます。

相手のことをよく知りもせずに、年齢だけで決めつけてしまうと、大切なことを見落としてしまうのです。

「もう歳だから」と、やりたいことを我慢したり、ある程度の年齢になってから本当にやりたいことを始めた人を、「いい歳をして」と嘲笑《ちょうしょう》したりするのも、とてももったいないし残念なことではないでしょうか。

自分がやりたいことを始めるのに、遅すぎることはありません。

人間はいつでも、今、このときが、残りの人生の中で一番若いのです。

30代、40代の人は、10代や20代の頃を振り返って「あの頃は若かった」と思うかもしれませんが、その人たちが50代、60代になれば、やはり30代、40代の頃を振り返って「あの頃は若かった」と思います。

私たちを縛りつける枠組みとしては、ほかに「性別」があります。

最近はだいぶ耳にする回数が少なくなってきた気がしますが、「女は女らしく」「男は男らしく」という言葉があります。

活発な女性やバリバリ仕事をしたい女性が「女のくせに」「女らしくしろ」と言われたり、競争があまり好きじゃない男性や、おっとりして優しい男性が「男らしくない」「男らしくしろ」と言われたりするのは、少し前までは日常茶飯事でした。

自分が本当にやりたいことや自分の望む生き方を、性別を理由に却下されるというのも、やはりナンセンスです。

男女で体のつくりが違うのは、変えようのない事実です。

女性には卵巣や子宮があり、子どもを産むことができますが、男性にはそれがありません。

でも、言ってしまえば、男女の決定的な違いはそれだけです。

女性と男性とでは分泌されるホルモンや機能の違いがあり、それによって影響を受けることはありますが、性格やものの考え方は一人ひとり異なります。
「論理的」「好戦的」「自立的」といった、「男性らしい特性」とされているものを持ち合わせている女性はたくさんいますし、「感情的」「友好的」「協力的」といった、「女性らしい特性」とされているものを持ち合わせている男性もたくさんいます。

ところが、人類の長い歴史の中で、「女」と「男」という二つの枠組みにさまざまな意味と役割がくっつけられ、それが幼い頃からの教育によって、私たちの脳内にインストールされているのです。

たとえば、私が子どもの頃は、「青や黒は男の子の色」「赤は女の子の色」とされていて、名札やランドセルなど、あらゆるものが男女別に色分けされており、私たちもそれを疑うことなく受け入れていました。

しかし実際には、そこには何の根拠もありません。

誰かがどこかの時点で、勝手に作ったルールにすぎないのです。

私は、こうした「作られた性役割」や「作られた男女の違い」を完全に否定するつもりはありません。

日本やドイツの高度経済成長を支えたのは、まぎれもなくこうした性別役割分業でしたし、枠組みがあるほうが、社会を運営するうえで都合がいいというのも、理解はできます。

ただ、そこにうまくハマることができずに苦しんでいる人に対しては、「その枠組みは、あくまでも他人をおおざっぱに理解して安心するためのものだから、苦しいなら無視していいんだよ」と、どうしても言いたくなってしまいます。

青や黒が好きな女の子も、赤が好きな男の子もたくさんいるのに、「女だから」「男だから」といった理由で、自分が本当に身につけたい色を選ぶことができないのは、やはりもったいないことだと思うのです。

いつの間にか私たちの中にインストールされてしまっている価値観や、気づかないうちに私たちが押し込められてしまっている窮屈《きゅうくつ》な枠組みは、ほかにもたくさんあります。

そして、多くの人は過剰適応し、そうした価値観を受け入れ、その枠組みの範《はん》疇《ちゅう》にいることに安心や居心地の良さを感じ、それらを「良いものだ」と信じ込んだまま、善意から次の世代に押しつけてしまいます。

繰り返しますが、「枠組み」は他者を雑に理解するための、他人都合のものでしかありません。

にもかかわらず、そうした枠組みに対し、無視できないほどの違和感やしんどさを覚える人もいれば、「もう歳だから」「女らしくない自分には価値がない」「男らしくない自分には価値がない」といった具合に、無駄に自分の可能性を否定してしまう人もいます。

今をより良く生きるために不都合になった枠組みは、アンインストールしてしまいましょう。

自分を縛っている価値観や、自分を閉じ込めている枠組みが何なのかをつきとめ、それが本当に今の自分にとって有用なのかを検証し、「不要だ」と判断したら、削除したほうがいいのです。

最新の環境に合わせ、どんどんアップデートしていけば、今までは思いもよらなかった景色が目の前に広がるでしょうし、それが、自分の物語を生きるための第一歩になるはずです。

Live without
patience

## 25

# 落ち込んでいるときに、重要な意思決定はしない

ある程度年齢を重ねてから、私には常に心がけていることがあります。

それは、**「気持ちがおちこんでいるときには、絶対に重要な意思決定はしない」**ということです。

気持ちが落ちているときは、どうしても自己評価が下がり、自己肯定感が失われてしまいます。

「自分なんて、何をやってもダメだ」「自分には価値がない」「自分には幸せになる権利がない」……。

そういった気持ちになりやすいのです。

そして、そんなときに大事なことを決めようとすると、ネガティブな選択をしてしまいがちです。

たとえば仕事に関する決断を迫られた場合、自信をもって取り組めば十分にクリアできる問題でも、気分が落ちていると、消極的な選択をしてしまったり、逆に、やけになって無謀《むぼう》な選択をしてしまったりしがちです。

恋愛に関する決断を迫られた場合なら、「自分なんて」と尻込みして、せっかく出会えた人を逃してしまうこともあります。

あるいは、わざわざ自分に向いていない進路を選んだり、誰が見ても「幸せになれない」道に進んでしまったり、本当はNOというべきことに対し、断る勇気やエネルギーが持てずに、YESと答えてしまったりします。

大事な決断を迫られたときには、まず自分がどういう状態なのかをたしかめてみましょう。

前向きな気持ちなのか、フラットな気持ちなのか、落ち込んでいるのか。

そして、正常な判断ができないくらい舞い上がっているときや（ただ、舞い上がっているときは、自分が舞い上がっていることすらわからない可能性もありますが）、落ち込んでいるときは、重要な決断を先延ばしにし、一度冷静に考えてみましょう。

私は、心身のバランスを崩している状態で、「今すぐ復職したいけど、この状態で仕事に戻っていいのか迷っている」とか「あまり関係の良くない親から、具合が悪いなら実家に戻ってこいと言われているけれど、戻るかどうか迷っている」といった具合に、何らかの大きな決断を迫られ、悩んでいる患者さんには、「いったん結論を出すのはおいておきましょう」「結論を出すのを、自信をもって先延ばししましょう」と伝えるようにしています。

世間的には「物事を先延ばしにするのは良くない」と言われています。でも実際には、先延ばしにしてもまったく問題のないことがほとんどであり、むしろ先延ばしにしたほうがいいこともある、ということは知っておいてほしいのです。

そもそも、先延ばしは、人間にとってラクで気持ちのいいことです。

何かを決める際には、それなりの気力を必要とします。

気力が湧かない絶不調時にわざわざそれをやるのは、まったく得策ではありません。

「先延ばしにするのは良くない」という社会通念によって、先延ばしすることに対し、必要のない罪悪感のようなものを抱いてしまう人は少なくありません。

しかし、心身の調子のいいときにゆっくり検討するべき問題について、急いで結論を下そうとするのは、デメリットしかないのです。

そのような人たちに「いったん結論を出すのはおいておきましょう」「結論を出すのを、自信をもって先延ばししましょう」と伝えると、それまで切羽《せっぱ》つまった顔をしていたのが嘘のように、たちまちホッとしたような、明るく穏やかな表情になったりします。

大事なことであればあるほど、合理的な判断や、その判断に必要な情報収集も求められます。

それをしっかりやったうえで意思決定をしたほうが、圧倒的に後悔が少ないはずです。

大事なことなので、もう一度書いておきます。

人生には、先延ばしにしてもいいこともたくさんあります。

気分が落ちているときは、重大な結論は下さず、自信をもって先延ばしにしましょう。

Live without patience

# 26

# 自分を取り戻せる「休み方」を知る

日本人はよく、「休むのが下手だ」といわれます。

海外の事情に詳しいわけではありませんが、「バカンス」という長期休暇制度が認められ、みんながそれをフルに活用している国の人たちに比べると、日本人は圧倒的に休むことが少ないですし、休むことに慣れていない人も多いように思います。

たしかに、仕事を続けることが難しくなった人に「まとまった時間、お休みしたほうがいいかもしれないですね」と言うと、結構な抵抗を示されることがあります。休むことに対し罪悪感を覚えたり、「休んだら、もう二度と頑張れなくなってしまうかもしれない」という不安を感じたりする人が少なくないのです。

でも、いざ休んでみると、たいていの人は**「それまでの自分が、知らず知らずのうちにダメージを受けていた」ということに気づきます。**

「その空間（職場）から実際に離れてみて、自分がものすごく無理をしていたんだなあということに気づきました」

「休んでいるときに、ちょっと用事があって職場に行ったのですが、その足取りが重く、職場でかなりの精神的なダメージを受けていたことが、ようやく自分でもわかりました」

「最初のうちは休むことに関する罪悪感がありましたが、それ以上に身体の開放感がすごくて、3〜4日もすると、罪悪感は多少軽くなってきました」


これらはいずれも、実際に休職した人から聞いた言葉です。


私は、休職の第一のメリットは、こうした気づきにあると思います。

私たちは日々、職場などの環境からさまざまな刺激を受けていますが、「これは自分には合わない」「自分はこれに傷ついている」といったことを、すべて明確に特定できるわけではありません。

特に、その環境にどっぷりハマっている間は、本当はつらいのに、つい「こんなのは大したことじゃない」と自分をだましたり、「何となく気が重い」「あの人の存在がストレス」くらいは思っていても、何が自分の気持ちを重くさせているのか、その人の何が合わないのか、はっきり自覚できなかったりします。

いろいろな感情を「なかったこと」にして、日々の頑張りを積み重ね続けるために、耐え忍んでいるのです。

ところが、その場から物理的な距離を置き、一度職場や自分の状態を俯瞰《ふかん》してみると、自分が何に、どれだけHPを削られていたかがわかります。

そして、休職期間が功を奏すると、たいていの人は、二度と「前と同じようには」頑張らなくなるのです。

こう書くと、不安になる人がいるかもしれませんが、復職がうまくいく人はだいたい、頑張りどころを見直したり、違う頑張り方を見つけたりしていますし、「思いきって休んでみて、本当に良かった」「ずっとあの調子で頑張っていたら……と思うと、ぞっとする」という意見がほとんどです。

なお、いざ休むことが決まると、「どう休んでいいかわからない」「休んでいる時間になにをしたらいいかわからない」という人や、「この休職期間を活かして、資格の勉強をしようと思います」「海外旅行に行きがてら、英語を勉強してきます」という人など、「ただ休むだけなんて時間がもったいない」「この間に、何かプラスのものを得よう」といったモードになってしまう人もいます。

以前、とてもジェントルないでたちの、いわゆる「ハイスペックなエリート」然とした40代の男性が、心身のバランスを崩し、奥さんに連れられてうちのクリニックに来たことがありました。

彼は善良かつ聡明な人でしたが、「まずは休職し、しっかり遊んでくださいね」とアドバイスする私に、最初のうちは「1か月で、どうしても仕事に戻りたい」「休みの期間に英語の勉強をしたい」と言っていました。

そんな彼に、私は「英語の勉強は、会社が求める価値を高めることであり、あなたが本当にやりたいことではないですよね」「誰かに褒められるとか認められるとか、そういったこととは関係のないところで、自分自身が心から楽しいと思えることを探してみてください。『遊ぶ』というのは、そういうことです」と伝えました。

会社や社会が求める価値とは無関係に、自分自身が本当に楽しいと思えること、快いと思えることは何なのか。

はじめはピンとこない様子でしたが、やがて彼は、学生の頃の趣味だったバイクでのツーリングを再開し、そこにワクワクとした楽しさ、風を切って走る気持ち良さを覚え、「そろそろ仕事に戻ろうと思うけど、ちょっともったいない気もする」と言うようになりました。

彼が本来持っている感情、本当にやりたいことに気づき、長い間、彼をがんじがらめにしていた「他人の価値観、ルール」に、風穴が開いたのです。

その後、彼はさらに1か月休み、「おかげさまで、人生が大きく変わりました」「きっと、もう大丈夫な気がします。でも、もし仕事が合わないと感じたら辞めます」と言いながら、職場に復帰していきました。

最終的に、他人の価値観、ルールと、自分の「快・不快」の感覚や感情とを切り離すことに成功したのです。

非常に理想的なスタンスでの復職だったと、私は思います。

ちなみに、この方は復帰後、以前と同等のパフォーマンスを発揮しながらも、しっかりと心の余裕を感じられているとおっしゃっており、つい先日、より良い条件での転職が決まったそうです。

その際も、「私が調子を崩したことはちゃんと先方に伝えるつもりですし、そのことでダメになるようだったらもともと縁がなかったってことですからね」と、とても朗らかに、肩の力が抜けた様子で話されていました。

中高年になると、職場での責務もやらなければならないことも増えますし、「会社員たるもの～するべき」「滅私奉公は当たり前」といった体育会系の価値観をベースに実績を積み重ねてきた人も多いため、いきなり「遊んでくださいね」と言われても、すぐに納得に至らないものです。

そうした価値観やルールに則って成果をあげてきた人からすると、「休んでくださいい」「遊んでください」という言葉は、「これまでの自分の頑張りを否定されている」と感じるかもしれません。

ですが、「休む」ということを真剣に考えるうえで、「誰のためでもない、自分だけを喜ばせるための時間や価値観」を育てるのは、本当に大切なことです。

なぜなら、「自分が今、快いと感じているのか不快に感じているのか」「自分が何を本当に楽しいと感じるのか」といった自分の本来の感覚や感情よりも、「他人にとって都合のよい価値観、ルール」を優先したからこそ、彼らは自らの心身を、崩壊するまで酷使するに至ってしまったからです。

まとまった休みには、ふだん自分を縛っている価値観、ルールを見つめ直し、要らないものを捨て、その奥に眠っている自分が本当に大切にすべきものを発見して、生き方のフォームを大幅にチェンジできる可能性があります。

人生の主導権を取り戻す、大きなチャンスになりうるのです。

多くの人は、「休む」ことを「逃げ」だと考えていますが、私はむしろ、かなり実験的でドラスティックな「攻め」の試みだと思っています。

Live without patience

# 27

# 自分を救ってくれるコンテンツを見つけ出す

私はたまに、「死にたいと思っている人とどう接したらいいですか？」という質問を受けることがあります。

こういう質問に対する医師の模範解答は「まず、死なないという約束をしましょう」です。

医学部の授業でも、国家試験でも、そのように習ってきました。

私も実際に試みたことが何度かあります。

でも、正直言って、そんな約束はあまり役に立たないと感じています。

その人が生きている世界観のしんどさ、苛烈《かれつ》さを考えたときに、「医師であるこの私に免じて、死なないという約束をしてください。この世界で生きつづけてください」という要求は、すごく残酷でおこがましいことだと思うからです。

「死なないでいてほしい」などというのは、あくまでもこちらの勝手な願望にすぎません。

たとえ相手と親密な関係を結べていたとしても、そのような酷な約束を飲ませるための担保が「私」というコンテンツだけでは、あきらかに力不足だろうと思います。

しかし、「この人がいるから生きてもいいかな」と思えるような人間関係に恵まれなかった人でも、**コンテンツのパワーを借りて、生きる力を手に入れることはできます。**

以前、思春期の頃くらいからずっと「死にたい」という気持ちを抱えていた後輩がいました。

その子とは、「次に会うまでは死なない約束」を交わしてはいましたが、「保留」にされてしまっていました。

空回りを感じながらも、雑談を積み重ねていく中で、彼女が「ドラクエの旧作をプレイしたことがある」と言っていたのを思い出した私は、あるとき「じゃあ、今度新しいドラクエが出るから、それを一緒にやろうよ」と持ちかけました。

すると、「それならいいですよ」と約束してもらうことができたのです。

そんな経験から、私は、世の中にあるさまざまなコンテンツの魅力を総結集すれば、「死」のほうに傾いていた人にも「生きてもいいかな」と、少しでも思ってもらうことができるかもしれない、と可能性を感じたのでした。

実際に、小説、漫画、アニメ、ゲームといったコンテンツに、生命や心を救われている人はたくさんいます。

たとえば、太宰治の『人間失格』の文庫本を幼い頃から肌身離さず持ち歩き、「この小説の世界の中に、私がいる」と言っていた子もいました。

家庭という、本来は一番安心できる「居場所」として機能するべき環境が、まったく安心ではなかったという人は、決して少なくありません。

そして、そのような環境下で、生きる支えとなるような人とのつながりや社会への信頼を実感するのは非常に困難です。

彼女も、親子関係で深い悩みを抱えていました。

この世界で生きる意味を見つけることが、きわめて難しかったであろう彼女にとって、『人間失格』という作品だけが、世界とのつながりを感じさせてくれる存在だったのだろうと、私は想像しています。

実在の世界に生きるべき「居場所」を見つけられなくても、人は作品の中に居場所や、理解者を探すことはできます。

「自分の感じている『痛み』と同じものが、この作品には描かれている」

「この物語に描かれているのは『私』である」

そうやって、コンテンツの中から「つながり」を得ることで、これまでなんとか生きのびてきてくれた人が大勢います。

私がコンテンツの街である秋葉原で開業をしたのは、そういう人の近くにいたいという気持ちがあるからです。

そして私自身も、大切な人を失ってしまってとてもしんどくなってしまったとき、ゲームにひたすら没頭することで救われた経験があります。作品の中の言葉に、生きる指針をもらっています。

コンテンツは、人を救うのだと思います。

今、私たちは、普通の人間関係や経済活動を維持するためだけでも、膨大な量の情報をやりとりしなければいけません。

ですから、少ししんどくなると、すぐに脳がオーバーヒートして、過去の傷や、わずらわしい人間関係や、将来に対する不安など、不穏な暗い「もやもや」に頭の中が占拠されてしまいます。

でも、作品の世界観に没頭することで、今は考えたくない「余計なこと」を、その時間だけは考えないですみます。

まさに「浸る」という感覚ですが、そこにはある種の癒し効果があります。

ですから私は、あなたにもぜひ、自分自身を救ってくれるコンテンツを見つけ出してほしいと思っています。

世の中には、世界中のエンタメの天才たちが本気で作った魅力的なコンテンツがあふれています。

「今は何にも興味が持てない」という人も、「仕事や日々の生活が大変で、創作物を楽しむ余裕なんてない」という人も、まずは一日1分でもいいので、「自分が心から楽しめるもの」を探すことに割いてほしいと思います。

もしかしたら明日、あなたに、衝撃的なコンテンツとの出会いがあって、人生がひっくり返るほど劇的な変化がもたらされるかもしれません。

そんな劇的なレベルのものではなくても、常に懐に入れておきたいと思えるほど愛着がわくものが見つかるかもしれません。

いずれにせよ、それは、あなたが心から必要とするものであり、あなたが自分のルールに基づいて自分の物語を生きるうえで、大きな助けとなり、指針となってくれるはずです。

Live without patience

28

# いのちあるものは、
# よりよく
# 強く生きるよう
# 定められている

コロナ禍以降、クリニックを訪れる人たちの抱える悩みの内容が、少し変わってきたように感じます。

多くの人が外出を控える中で、「同居している家族やパートナーとの『ズレ』」に悩む人が増えてきたのです。

今までは気づかずにいた、あるいは見ないようにしていたズレが、長く同じ空間にいるようになったことで強調され、看過《かんか》できなくなったのかもしれません。


しかし、家族関係やパートナーシップなどの親密な関係は、「相手との価値観が合わないこと」がわかってからが本当の始まりだともいえます。

人が、人との違いを受け入れ、生活を共にするのは、とても大変なことです。

トライ・アンド・エラーを繰り返しながら、お互いが心地良く過ごせるような距離感や関係性を模索《もさく》し、その人と一緒にいたいと思うのか。

そこまでしようという気持ちもエネルギーもなく、できればその人と離れたいと思うのか。

こうした悩みに対する答えを導き出すためには、「自分にとって、相手はどういう存在なのか」「自分は相手と、どういう関係を築きたいのか」をきちんと考える必要があります。

また、テレワーク化が進んだことにより、「自分が、今までどれほど職場の人間関係にストレスを抱えていたのか」に気づく人、人と直に会ったり話したりする機会が減ったことに寂しさを感じ、自分が人とのつながりを求めていることや、自分にとって大切な相手に気づく人もいます。

コロナという大きな厄災は、健康や経済だけではなく、人の「つながり」にも非常に大きな影響をもたらしたと言えるでしょう。

今の状況は、いわば強制的に「心理的な席替え」をさせられたようなものであり、距離感を見失ったり、混乱したりするのは自然なことだと思います。

一方で、「人とのつながり方」を見つめ直し、自分にとって本当に大事な人は誰なのか、ちょうどいい人間関係とはどのようなものなのかを考えてみる、いい機会だといえるかもしれません。

その際に注目していただきたいのが、「快・不快」の感覚です。

人間関係であれば、相手に対して、「この人といると安心する」「この人といると楽しい」「この人が好き」といった気持ちが自然に生まれる場合は、快を感じているといえるでしょう。

私は、基本的には、快を感じる相手、安心できる相手との時間を大事にし、言動を不快だと感じることが多い相手とは、無理につきあおうとしなくてもよいと思っています。

なお、人間関係に限らず、**人生や生活のあらゆる面において、「快・不快」の感覚をきちんと把握することは、自分のルールに基づいて自分の物語を生きていくための土台となります。**

自分にとって、何が快であり何が不快であるかに気づけば、自分に必要なもの、不必要なものがわかるようになるからです。

心理学者の諸富祥彦先生は、アメリカの臨床心理学者カール・ロジャーズの人生と理論形成のプロセスを解説した『カール・ロジャーズ入門―自分が〝自分〟になるということ』（星雲社）の中で、次のように書いています。

「ロジャーズによれば、花であれ木であれ、海草であれミミズであれ、猿であれ人間であれ、ありとあらゆる生命体は、自らの可能性を実現していくようにできています。（中略）平たく言えば、この世におけるすべての〈いのち〉あるものは、本来、自らに与えられた〈いのちの働き〉を発揮して、よりよくより強く生きるよう定められている、というわけです。例としてロジャーズは、彼が少年時代に見た、小さな窓しかない地下室の貯蔵庫に入れられていたジャガイモを引きあいに出します。二メートルも地下に置かれているそのジャガイモは、それでも窓からもれてくる薄日に届こうと六〇センチも九〇センチも延びていく。ここに彼は生命の本質を見ます」

生きとし生けるものは、自分がどのように成長していくべきか、どこに向かっていくべきかを本能的に知っている、とロジャーズは言います。

だからこそ、彼は人間の持つ可能性の力を強く信じ、「成長の邪魔をしない環境をつくること」を理論の中核に置いていました。


必要な水や光が得られなかったり、良かれと思って水や肥料をあげすぎて植物を枯らしてしまったりすることと、周囲との関わりの不具合によって本来の可能性が開けない人がいることはとても似ています。

そして、人間にとって「可能性が阻害されない環境」の土台になるものは「安心」であると思います。

「安心」の土壌があれば、自然に種子は芽を出し、枝を伸ばしていくのです。

この「安心」というものが、とても身体的・神経学的なプロセスを通した感覚であることもわかってきています。

「身体の声を聞く」という言葉がありますが、私たちは自らの身体が感じる快・不快を通して、安心できるかそうでないかを判断し、自分にとって良いもの、必要なものを知る力を持っているのです。

ただ、現代人にとって、身体の声を聞くのは、簡単なことではありません。身体の声より、頭からの声（頭で考えたこと）ばかりを優先させたり、頭が「自分にとって良い」と判断したものを、自分にとっての快だと勘違いしたりしてしまうからです。

つまり、頭が求めることと身体が求めることが違うのです。

たとえば、働きすぎて、もしくは仕事の内容が合わなくて、身体が限界を訴え、「朝起きられない」「出勤しようとすると吐いてしまう」といった拒絶のサインを発しているのに、頭で「社会人であり給料をもらっている以上、働かなければいけない」「会社員である以上、利益を上げなければいけない」「やりがいのある仕事だから頑張らないと」などと考えて頑張り続けてしまうのは、身体の声を無視して頭で考えたことを優先させてしまっているケースです。

身体は疲れて明らかに早く寝たがっているのに、頭が刺激や情報を求めてなかなかスマホを手放せず、結局だらだら時間を使ってしまって眠れない、というのもよくあることでしょう。

一緒にいても安心できず、言動に不快さを感じることが多く、本当は距離を置いたほうがいい相手のことを「親だから大事にしなきゃいけない」「恋人だから一緒にいなきゃいけない」と思ったりするのも同じかもしれません。


身体は常に周囲の状況を判断し、安心を感じているときはリラックスし、危険だと感じているときは緊張するようにできています。

緊張状態は心身に大きな負担をかけ、警戒のために多大なエネルギーを消費します。

不快な情動というのは、身に起こっている何らかの危険を察知しているために起こるのですが、それらの反応は「自律神経」が担当しています。

非常に「動物的」で素早く、えてして頭が考えた判断よりもよほど正確です。


そして、不快な状態があまりに長く続くとエネルギーが枯渇し、身体は、今度は省エネのため「フリーズモード」に入ります。

無抵抗・無気力になり、あらゆる刺激に対する反応を鈍くすることで防衛しようとするのです。

現実感を薄めて、「心に麻酔をかける」ことで生存確率をあげようとする、自律神経の働きがあるためです。

「自分の快・不快がわからない」という方は、こうした「フリーズモード」に入ってしまっていることが少なくありません（余談ですが、「不登校」という現象は、まさにこの防衛的な自律神経のフリーズ反応が大きく関わっていると指摘されています）。

もちろん、社会で生きていくためには、頭で考え、合理性や効率性を追求することも大事です。

しかし、「頭で理解できることなどたかが知れている」という感覚も忘れてはならないと思います。

頭で考えた「正しいこと」「効率的なこと」を優先しすぎることで、かえって自分自身が「本当に求めるもの」がわからなくなってしまうことがよくあります。

頭で「正しい」「効率的だ」と思っていることも、多くは社会（＝他人）の考えを内在化しているものであり、自分のリアルな身体感覚に結びついているものではなかったりするのです。

「社会的からの要求に応えられた」という一時の満足感は得られるかもしれませんが、それが本当に自らの心身が欲するものでなければ、一つの生命体としての根源的な充実感を得ることは難しいでしょう。

なぜなら、人間は「動物」でもあるからです。

あえて対比するならば、「人間」的な思考と、「動物」的な感覚とが、うまく調和してバランスがとれている状態が、生命としてより健全で機能的です。

しかし、現代人はどうしても「思考」のほうに偏重《へんちょう》しがちのように思います。

では、身体の声を聞けるようになるためにはどうすればいいでしょうか。

効果的と考えられるのが、頭と身体を休めるために「空白の時間を作ること」です。

特に「動悸《どうき》がする」「眠れない」「頭が痛い」「気持ちが悪い」などは「ストレスを受けている」「この状態は不快である」という身体からのメッセージなので、決して無視せずに、何らかの対応をしてあげましょう。

とはいえ、仕事が忙しくて身体が悲鳴を上げている人に「休みましょう」といっても、抵抗が大きいかもしれません。

実際、仮に休みが取れても、「時間ができるなら、その間に勉強をしなきゃ」などと考えてしまう人は、少なくありません。

頭が「この休みを効率的に活用してやろう」と判断しているからです。

でも、それでは身体のニーズに応えることはできません。

「どう休んだらいいかわからない」という人は、スマホを家に置いて、公園や川辺など、なるべく自然が豊かで静かな場所に行き、まずは一時間だけでいいので、べンチに座って、ぼんやりと呼吸だけしてみてください。

できれば、深呼吸もしてみましょう。

足元のほうから吸い込んだ空気が、身体の中のいろいろな「嫌なもの」と一緒に頭の先から吐き出して抜けていく。

そんなイメージを持って、やってみてください。


それだけで、身体の「モードの切り替わり」を実感できる人もいるでしょう。

本来身体が求めているものが感覚としてわかれば、大きなヒントになるはずです。

毎日、少しずつでも、そうした身体のための「空白の時間」を作るようにすれば、だんだんと身体の声を聞くことができるようになるでしょう。

その感覚を趣味や食事など、生活のいろいろなところに拡張していくことで、「身体の喜ばせ方」がわかるようになります。


それは、身体的感覚としての「安心」を感じる力を育むことにもつながり、「休

む こと」が上手くなります。

なにより、自分の感覚を信頼できるようになることは、環境や人間関係の選択の幅を広げ、自分の物語を生きるうえで、とても大きな力になるだろうと、私は思います。

そして最後に。

本書で私がお伝えしてきた内容が、あなたの「安心」の土壌を育むことに少しでも役に立ち、本来の可能性を発揮する一助となることを強く願っています。

# 我慢して生きるほど人生は長くない

発行日　2021年10月29日　第1刷
発行日　2024年 8 月16日　第31刷

**著者**　　　鈴木裕介

**本書プロジェクトチーム**
**編集統括**　柿内尚文
**編集担当**　栗田亘
**デザイン**　ドットスタジオ
**イラスト**　伊藤ハムスター
**編集協力**　村本篤信
**校正**　荒井順子
**DTP 本文デザイン**　廣瀬梨江

**営業統括**　丸山敏生
**営業推進**　増尾友裕、綱脇愛、桐山敦子、相澤いづみ、寺内未来子
**販売促進**　池田孝一郎、石井耕平、熊切絵理、菊山清佳、山口瑞穂、吉村寿美子、矢橋寛子、遠藤真知子、森田真紀、氏家和佳子
**プロモーション**　山田美恵
**講演・マネジメント事業**　斎藤和佳、志水公美

**編集**　小林英史、村上芳子、大住兼正、菊地貴広、山田吉之、大西志帆、福田麻衣
**メディア開発**　池田剛、中山景、中村悟志、長野太介、入江翔子
**管理部**　早坂裕子、生越こずえ、本間美咲
**発行人**　坂下毅

発行所　株式会社アスコム

〒105-0003
東京都港区西新橋2-23-1　3東洋海事ビル
編集局　TEL：03-5425-6627
営業局　TEL：03-5425-6626　FAX：03-5425-6770

印刷・製本　中央精版印刷株式会社


Printed in Japan ISBN 978-4-7762-1177-8

本書は2020年1月に弊社により刊行された
『NOを言える人になる』を改題し、加筆修正したものです。